Choses d'Allemagne

COUP D'ŒIL

SUR LES FORCES MILITAIRES DE L'ALLEMAGNE

PAR

GALLUS

RÉPONSE

A

GALLICÆ RES

DEUXIÈME ÉDITION

PARIS

LOUIS WESTHAUSSER, ÉDITEUR

10, RUE DE L'ABBAYE, 10

1888

CHOSES D'ALLEMAGNE

CHOSES D'ALLEMAGNE

COUP D'ŒIL

SUR

LES FORCES MILITAIRES DE L'ALLEMAGNE

PAR

GALLUS

Réponse a *GALLICÆ RES*

PARIS
LOUIS WESTHAUSSER, ÉDITEUR
10, RUE DE L'ABBAYE, 10

1888

INTRODUCTION

Tout Allemand qui a séjourné en France, ne fût-ce que vingt-quatre heures, se tient pour obligé d'écrire un livre ou une brochure sur notre pays. Ces élucubrations, à bien peu d'exceptions près, sont toujours marquées au coin de la partialité la plus révoltante et de la mesquinerie la plus piètre. Cela n'a rien d'étonnant pour qui les connaît un peu.

Malheureusement on lit assidûment toutes ces impressions de voyage, toutes ces esquisses, en Allemagne; aussi les braves gens d'outre-Rhin sont-ils imbus, à notre égard, des préjugés les plus étranges, car tous ces narrateurs *fidèles* leur disent les choses les plus invraisemblables sur notre compte. Nos institutions politiques et militaires, notre vie privée même, leur sont dépeintes sous les couleurs les plus noires.

Il y a peu de jours, un certain M. Celticus (titre prétentieux) a publié une brochure intitulée : *Gallicœ Res*, dans laquelle il prétend mettre ses compatriotes au courant de ce qui se passe chez nous.

Son expérience personnelle, dit-il, lui permet de parler de nous en parfaite connaissance de cause. Que ce Monsieur me permette de lui dire que cette assertion est absolument aussi prétentieuse que le pseudonyme dont il s'est affublé. Son expérience(?) est uniquement basée sur la lecture de quelques articles publiés, il y a environ un an, par le *Journal des Sciences militaires*, du livre de M. Ténot[1] et sur les bavardages de quelques officiers.

Chez nous, on n'est que médiocrement enthousiaste des publications du genre de celle de Celticus ; mais je crois rendre service en répondant à cet Allemand. Je suis suffisamment au courant de ce qui se passe en Allemagne, pour pouvoir me permettre de le

1. *La Frontière, les Nouvelles Défenses de la France*, par E. Ténot.

faire. J'ai puisé aux meilleures sources, chaque fois que mes connaissances n'étaient pas assez étendues sur un sujet, je me suis adressé à plusieurs amis de bonne volonté, et enfin j'ai fait de nombreux emprunts à un ouvrage publié récemment sur les officiers allemands[1]. Je me permettrai toutefois de faire remarquer à l'auteur anonyme de ce petit livre, que j'admire l'impartialité dont il fait preuve à l'égard du corps d'officiers allemand, mais que je ne me sens pas capable de l'imiter, car je trouve qu'il a dépassé les bornes. Il leur fait la part beaucoup trop belle et les admire beaucoup plus qu'ils ne méritent.

Je comprends qu'un officier français se laisse griser à l'énumération de tous les privilèges, de toutes les faveurs qui sont l'apanage des officiers allemands. Mais je suis également persuadé que le même officier changerait radicalement d'opinion, s'il entendait les réflexions que les braves Allemands (non pas les socialistes) se permettent de faire, une fois rentrés de la brasserie ou du

1. *L'Officier allemand. Son rôle dans la nation.* Westhausser. Paris.

restaurant, les volets bien fermés et la porte prudemment close.

J'avance ce fait parce qu'il m'a été bien souvent donné d'entendre des jérémiades de ce genre; ceux qui les poussaient, étaient pourtant de bons Allemands, détestant cordialement tout ce qui est Français (sauf les vins).

Dans toute la partie non technique de sa brochure, Celticus juge les officiers d'après des individus isolés et non d'après l'ensemble. C'est absolument bête, mais cela réussit en Allemagne. Je ne vois pas pourquoi je ne me servirais pas du même procédé; d'autant plus que le *ab uno disce omnes*, qui est faux pour nous, est, à très peu de chose près, exact pour nos bons voisins de l'Est.

Les quelques anecdotes que l'on trouvera plus loin soulèveront certainement des cris de fureur en Allemagne, mais je m'en moque comme d'une pomme cuite.

Les officiers allemands désignés, au cours de cette étude, par des initiales, ont des noms : je ne les ai pas dévoilés par convenance, mais ils existent.

M. Celticus a divisé son ouvrage de la façon suivante :

1° Esquisse de l'armée française.

2° Quelques mots sur l'organisation de l'armée française.

3° Le corps d'officiers français.

4° Les officiers de réserve et de territoriale français.

5° La frontière française de l'Est.

6° Organisation militaire des chemins de fer français.

7° La concentration des chemins de fer français.

Je me propose de réfuter cet ouvrage chapitre par chapitre, ou plutôt de répondre à chaque chapitre concernant l'armée française par un autre se rapportant à l'armée allemande. Toutefois je ne dirai rien des chemins de fer allemands, tout le monde les connaît chez nous. Quant à la concentration, elle me laissera également froid, car des spécialistes distingués ont déjà dit tout ce qu'il fallait à ce sujet ; de plus, je n'aime pas m'aventurer dans le domaine des hypothèses. Donc j'imiterai dans ces deux chapitres :

... de Conrart le silence prudent.

I

UN MOT
SUR MONSIEUR CELTICUS
ET SUR SON LIVRE

I

UN MOT
SUR MONSIEUR CELTICUS
ET SUR SON LIVRE

Celticus et son livre : *Gallicæ Res.* — Les journalistes et hommes de lettres allemands en France.

Le chapitre Ier de M. Celticus nous apprend des quantités de choses, entre autres celle-ci : c'est que l'officier français est généralement trop bavard, ce qui l'entraîne facilement à dire des bêtises. Exemple : M. Celticus, qui a bien soin de ne pas dire qu'il est Allemand, rencontre, dans les salons d'un banquier parisien, un capitaine d'infanterie, auquel il demande des renseignements sur ses camarades du Midi. Le capitaine se déboutonne immédiatement, fait sa petite profession de foi républicaine et dit à l'Allemand qui était tout oreilles : « Au premier régiment de hussards, ce sont des orléanistes *de pur sang* (sic) ; les camarades du 111e de ligne (à Nice) aiment trop leur colonel

B.....n pour ne pas être d'excellents républicains. » Notre Allemand, trop heureux de tenir ce renseignement de la bouche d'un capitaine d'infanterie, s'empresse d'inscrire cela sur ses tablettes, et aujourd'hui il l'imprime de la meilleure foi du monde. Car pour lui, il n'y a que ce fait : « Un capitaine d'infanterie me l'a dit », donc il doit le croire. On pourrait, il est vrai, lui répondre que : qui n'entend qu'une cloche n'entend qu'un son. Mais l'Allemand est comme cela ; chez lui il voit les officiers toujours graves, toujours boutonnés, ne descendant de leurs hauteurs élyséennes (rien de Daniel !) que dans des circonstances sérieuses : pourquoi ne croirait-il pas le capitaine d'infanterie qui se déboutonne devant lui et lui fait voir sa chemise de flanelle et le fond de sa pensée ? — Allez donc, vous, étranger, demander à un officier prussien sa façon de penser sur les camarades de X, de Y ou de Z, vous verrez comme il vous répondra. Votre jugement pourra ne pas en sortir bien net, mais votre fond de culotte le sera encore bien moins.

Mais ce n'est pas ce qui nous occupe grandement : l'expansion (même coloniale) est dans notre sang, et pourtant, il est bien de nous, ce proverbe :

Trop parler nuit,
Trop gratter cuit.

Je le rappelle aux méditations du capitaine

d'infanterie qui a permuté pour venir de Marseille à Paris.

Maintenant que j'en ai fini avec ce point, je vais m'occuper de la suite du chapitre.

« Le corps d'officiers est profondément di-
» visé : officiers sortant de Saint-Cyr, de Poly-
» technique, des rangs, de Saint-Maixent, etc.;
» tout ce monde-là vit à part par catégories
» d'écoles. De plus, il y a les officiers républi-
» cains, les officiers qui ne le sont pas, etc... »

Toute personne qui a vécu parmi les officiers français sait que cette distinction existe intérieurement peut-être, mais qu'elle ne se fait jamais voir au grand jour. Et avant de faire un pas de plus, je dirai à M. Celticus, que les officiers français, quelles que soient leurs opinions politiques, quelle que soit leur origine, ont toujours été unis de cœur, quand ils se sont trouvés en face des ennemis de leur pays et qu'il en sera toujours de même.

Ce que je trouve de plus remarquable dans ce chapitre, c'est l'opinion que M. Celticus s'est faite sur nos officiers, et qu'il traduit ainsi qu'il suit :

« L'officier français est zélé, et même sérieux en tout ce qui concerne le service; mais il est *gêné* en société et souffre de l'état politique, dont l'armée est la victime depuis quelques années. »

Ah ça ! vous ne me ferez pas croire qu'il était gêné, le capitaine d'infanterie, qui ne savait pas qui vous étiez et qui vous faisait, malgré cela, ses petites confidences ! Ou bien votre physique lui était particulièrement sympathique! Monsieur Celticus !

Un peu plus loin, vous dites :

« Tous les hommes capables, toutes les intelligences dépassant la moyenne, font de la politique, c'est-à-dire qu'ils négligent leur service pour se livrer uniquement aux stériles luttes politiques. »

Vous ne connaissez pas l'armée française aussi bien que vous nous le dites, autrement vous n'auriez pas laissé échapper cette phrase qui nous fait croire que vous ignorez absolument les noms des généraux Lewal (un ancien ministre) Pierron, Ferron (mais oui!), etc., etc., etc.; ils font cependant autorité chez vos militaires, qui sont, à l'heure qu'il est, les gens les plus prétentieux et les plus intraitables sur terre.

Aussi bien je veux en finir, pendant que j'y suis, avec vos allégations erronées, et vous dire tout de suite votre fait.

Il y a en France un certain nombre de journalistes, d'hommes de lettres allemands qui cherchent *per fas et nefas* à s'introduire dans la société des officiers. Sachant que ceux-ci sont très expansifs, ils se disent qu'ils trouveront toujours un moyen ou un autre de les faire bavarder et d'en tirer un renseignement utile. Il n'est pas besoin d'ajouter qu'ils ont toujours bien soin de ne pas dire qui ils sont; exemple :

vous-même, M. Celticus, qui avez eu le talent de faire bavarder ce capitaine d'infanterie, sans le prévenir que vous étiez une tête carrée. Il a du reste été assez bête pour ne pas s'en apercevoir. Une fois que ces messieurs ont trouvé leur homme, ils le font parler, ce qui n'est pas bien difficile, puis ils consignent soigneusement ses paroles et les livrent à la presse allemande, comme *impressions personnelles ;* ce n'est pas plus malin que cela. C'est de cette façon que M. Mennell[1] a obtenu les confidences d'un officier de réserve, vous celles d'un capitaine d'infanterie, et d'autres celles d'autres bavards portant la culotte rouge, qui, ne songeant pas à mal, vous ont dit ce qu'ils pensaient et même ce qu'ils ne pensaient pas. — Je n'ai pas encore lu un ouvrage allemand parlant d'une façon impartiale des officiers français et en connaissance complète de cause.

La lecture de *Gallicæ res* n'est pas faite pour modifier sensiblement ma manière de voir. Je n'y ai trouvé qu'une chose : c'est la confirmation du fait, qu'il y a un espion dans tout Allemand.

Le reste de ce chapitre ne présente rien de bien intéressant, passons donc au suivant.

1. *Pariser Luft.*

II

UN MOT SUR L'ORGANISATION DE L'ARMÉE ALLEMANDE

Organisation de l'armée allemande sur le pied de paix et sur le pied de guerre. — Grand état-major. — Inspections d'armée. — Aumôniers. — Auditoriat. — La Croix-Rouge. — Écoles militaires. — Écoles de cadets. — Écoles de guerre. — École de cavalerie. — Écol de l'artillerie et du génie. — Académie de guerre. — Armement de l'armée allemande. — Infanterie. — Cavalerie. — Artillerie. — Principaux établissements militaires. — Fabrique de conserves de Mayence. — Remontes. — Marine allemande.

II

UN MOT SUR L'ORGANISATION DE L'ARMÉE ALLEMANDE

L'armée allemande se compose, comme on sait, de l'armée prussienne, de l'armée bavaroise, du corps wurtembergeois, du corps d'armée saxon et de la division hessoise.

L'Empereur d'Allemagne est à la tête de cette armée. Comme dit l'officier d'infanterie auteur du livre dont nous avons déjà parlé : « l'Empereur [1] a le droit et le devoir de veiller à ce que, dans l'armée allemande, tous les corps de troupes soient au complet et bien préparés à la guerre,

1. Article 63 de la Constitution de l'Empire.

à ce que l'unité existe et soit maintenue dans l'organisation, la formation, l'armement, et l'instruction des hommes, et dans l'aptitude des officiers, etc,. etc.

L'Empereur fixe le chiffre des effectifs, la répartition des contingents de l'Empire, ainsi que l'organisation de la landwehr, etc., etc.

D'autre part toutes les troupes allemandes doivent obéissance entière à l'Empereur.

Celui-ci nomme les généraux en chef de chaque contingent, les commandants de forteresses, ainsi que les officiers qui commandent des troupes appartenant à plusieurs contingents. Il a le droit de mettre une ou plusieurs provinces en état de siège, et de déplacer les officiers des différents états.

Les souverains et les sénats des villes libres nomment les officiers de leurs contingents; pour les généraux cette nomination est soumise à l'assentiment de l'Empereur.

Toutefois la Bavière occupe une situation à part, sous ce rapport. Son armée possède une organisation absolument indépendante; son effectif est fixé par une loi d'Empire, il est vrai, mais son budget est supporté uniquement par le pays. Cela revient à dire que le budget n'est pas voté par le Reichstag. Les troupes bavaroises ne passent sous les ordres directs de l'Empereur, qu'après que l'ordre de la mobilisation a été donné. Quant à leur organisation, leur formation, leur armement et leur instruction, elles se sont entièrement conformées au système prussien. Les régiments bavarois sont numérotés à part, et ils portent encore, pour le moment, leur uniforme bleu clair. Mais il est probable que ce n'est plus pour longtemps; car nombre de journaux allemands en demandent déjà la suppression. Les pauvres Bavarois ont déjà dû renoncer à leur cher casque à chenille; les officiers portent maintenant le col carcan des Prussiens (autrefois ils avaient un petit col noir à liséré blanc.)

Les autres Etats allemands ont réglé leur situation militaire par des conventions passées avec la Prusse.

Ainsi les troupes saxonnes et wurtembergeoises forment deux corps d'armée indépendants, mais leurs budgets sont soumis à la discussion du Reichstag. Les souverains des deux pays nomment leurs officiers.

L'Empereur nomme le général commandant en chef le corps d'armée saxon (12e), sur la proposition du roi de Saxe. Le roi de Wurtemberg nomme le général en chef de son corps d'armée (le 13e), après avoir obtenu l'assentiment de l'Empereur. Comme on le voit, il y a là une petite nuance. Les deux corps d'armée sont organisés à la prussienne et il y a un roulement établi entre les officiers de ces deux pays et ceux de la Prusse. Tout ce qui distingue les Saxons et les Wurtembergeois des Prussiens, ce sont quelques légers détails d'uniforme [1].

Les deux Mecklembourg ont conclu une convention militaire avec la Prusse dès 1868; le grand-duché de Hesse en a fait autant dès 1861. Le contingent hessois forme une division spéciale (la 25e) qui est affectée au 11e corps. Les troupes mecklembourgeoises font partie intégrante de l'armée prussienne, dont elles se distinguent uniquement par le casque; au lieu d'avoir un aigle sur ce casque, elles portent l'écusson de leur pays.

Le grand-duché de Bade a conclu une convention militaire avec la Prusse le 25 novembre 1870. Ses troupes forment le 14e corps d'armée complété par quelques troupes prussiennes. Les officiers badois sont: « *officiers royaux prussiens* ». Les troupes se distinguent des Prussiens par l'écusson du casque, et la cocarde badoise. Les officiers portent la dragonne et l'écharpe aux couleurs du grand-duché.

Le duché d'Anhalt et les petits États ont conclu leurs conventions en 1873.

1. La tunique des Wurtembergeois a deux rangées de boutons. Celle des Saxons a la même forme que celle des Prussiens, seulement les jupes sont passepoilées de rouge. De plus, ces derniers ont une capote grise, tandis que celle des Prussiens est gris-noir.

Comme on le voit, ces distinctions sont insignifiantes; il faut faire bien attention pour les remarquer.

Le grand-duché d'Oldenbourg a réglé sa situation depuis le 15 juillet 1867.

Le duché de Brunswick en a fait autant le 1er avril 1886.

Les troupes de ces différents petits États continuent à porter leur cocarde nationale; c'est la seule chose qui les distingue.

Quant aux villes libres et aux autres petits États, leurs recrues sont versées dans les régiments prussiens (Lübeck, Hambourg, Brême, Waldeck, Lippe-Detmold, Schaumbourg, etc., etc.).

Voici en peu de mots la loi militaire allemande.

Tout sujet allemand est astreint au service personnel et obligatoire, de 17 à 42 ans accomplis, à savoir:

De 17 ans à 20 ans dans le landsturm [1].
de 20 — à 23 — dans l'armée active.
de 23 — à 27 — dans la réserve.
de 27 — à 32 — dans la landwehr.
de 32 — à 42 — dans le landsturm [2].

1. Le jeune soldat est appelé sous les drapeaux dans le courant de l'année où il atteint sa 20e année.

2. Une loi votée le 9 décembre décide qu'à l'avenir la landwehr et le landsturm seront divisés en 2 bans. Le 1er ban de la landwehr fait son service comme autrefois. Le 2e ban de la landwehr comprend les hommes de 33 à 39 ans. Le 1er ban du landsturm englobe les hommes

Depuis 1874 l'effectif de l'armée est réglé par le régime du Septennat (c'est-à-dire par une loi votée pour 7 ans). La loi du 6 mai 1880 l'avait fixé à 427 274 hommes. Mais tout le monde connaît les faits qui se sont passés au printemps de 1887, et l'on sait que le gouvernement allemand en a profité pour faire voter une augmentation de 41 135 hommes, ce qui porte maintenant l'effectif du pied de paix de l'armée allemande à 468 409 hommes.

Le budget de 1887-88 comporte un effectif de:

19.262 officiers.
55.447 sous-officiers.
412.960 soldats.
1.777 médecins militaires.
840 officiers payeurs.
641 vétérinaires.
803 armuriers.
93 selliers.
84.077 chevaux.
1.476 pièces de campagne.

Ne sont pas compris dans les chiffres précédents:

7 à 8.000 volontaires d'un an,
2.500 cadets,
9.500 gendarmes,

âgés de moins de 39 ans et qui n'ont jamais servi. Le 2e se compose des hommes âgés de 39 à 45 ans, et ayant servi autrefois. Celui-ci n'est appelé que pour la défense du territoire national.

et enfin les réservistes convoqués pour les périodes d'instruction. Les chiffres plus haut se répartissent comme il suit, entre la Prusse et les autres États.

	Officiers	Sous-officiers	Soldats	Médecins	Payeurs	Vétérinaires	Chevaux
Prusse et états qui ont signé une convention avec elle	14084	42850	319618	1345	653	523	66152
Bavière......	2224	6353	47832	209	94	50	8874
Saxe........	1248	3757	28053	118	56	40	5361
Wurtemberg.	806	2487	17459	76	37	28	3090

Le territoire allemand est divisé en 17 régions (armée-korps-bezirk). En règle générale, les troupes tiennent garnison dans la région d'où elles sont originaires. Toutefois, il est fait exception à ce principe pour les troupes de la garde (celle-ci constitue un 18e corps) et pour celles du 15e corps (Alsace-Lorraine). Celui-ci est constitué à l'aide de régiments prussiens, badois, saxon et vurtembergeois. J'indiquerai à la fin du volume la composition des corps d'armée les plus rapprochés de notre frontière. Quant à la garde, elle se recrute sur l'ensemble des régions prussiennes. Chaque région se divise en districts de bataillon de landwehr (landwehr-bataillons-bezirk), qui correspondent à nos subdivisions de région, et qui groupés deux par deux forment les régiments de landwehr (277 districts de bataillon de landwehr).

Le corps d'armée se compose, suivant les cas, de 2 ou 3 divisions, de 1 ou 2 bataillons de chasseurs, de 1 brigade d'artillerie de campagne, de 1 régiment d'artillerie à pied, de 1 bataillon de pionniers et de 1 bataillon du train.

La division d'infanterie se compose de 2 brigades d'infanterie et de 1 brigade de cavalerie. Dans certains cas la cavalerie du corps d'armée est groupée en une division indépendante (dans la garde et au 15e corps). La brigade est à 2 ou à 3 régiments.

L'infanterie allemande comprend 166 régiments, dont : 127 prussiens, 19 bavarois, 12 saxons, et 8 wurtembergeois, avec 513 bataillons dont : 396 prussiens, 57 bavarois, 36 saxons et 24 wurtembergeois. Les régiments prussiens sont à 3 ou à 4 bataillons[1] de 4 compagnies.

Elle comprend en outre 21 bataillons de chasseurs dont : 14 prussiens, 4 bavarois et 3 saxons.

Pour mémoire, je citerai aussi : le bataillon d'instruction, dont les officiers et les hommes proviennent de tous les régiments, et qui est constitué tous les ans, pendant un certain nombre de mois, à Potsdam.

1. 107 à 3 bataillons et 20 à 4 bataillons. Ces derniers se trouvent sur les frontières française et russe.

Les régiments sont à effectif ordinaire ou à effectif renforcé.

Dans le premier cas, les bataillons sont forts de 22 officiers et 526 hommes. Dans le deuxième, ils comptent 22 officiers également et 659 hommes. L'infanterie entière, sur le pied de paix, est forte de 11 123 officiers et 329 173 hommes.

Le *cavalerie* compte 93 régiments, avec 465 escadrons, 2 359 officiers, 64 589 hommes et 62 469 chevaux. Ces régiments se répartissent comme il suit :

Prusse........	73 régiments	à 5 escadrons,	soit		365
Bavière.......	10	—	—	—	50
Saxe..........	6	—	—	—	30
Wurtemberg..	4	—	—	—	20

Ils se divisent en : *grosse cavalerie* : 10 régiments de cuirassiers prussiens, 1 régiment de Reiter saxons, et 2 régiments de cavaliers lourds bavarois.

Cavalerie moyenne (ce que l'on appelle cavalerie de ligne en France) : 25 régiments de ulans, dont 19 prussiens, 2 saxons, 2 bavarois et 2 wurtembergeois.

Cavalerie légère : Dragons : 28 régiments, dont 26 prussiens et 2 wurtembergeois. Hussards : 20 régiments dont 18 prussiens et 2 saxons. Chevaux légers: 4 régiments bavarois.

Sauf quelques exceptions, les régiments de

cavalerie comptent 25 officiers, 667 hommes, 62 chevaux d'officiers, et 667 chevaux de troupe.

Les brigades ont un effectif de 2 à 4 régiments. Les divisions de cavalerie sont généralement à 3 brigades.

L'*artillerie de campagne allemande* comprend 364 batteries, dont : 283 prussiennes, 40 bavaroises, 23 saxonnes et 18 wurtembergeoises. Dans ce nombre sont comprises 46 batteries à cheval, dont 38 prussiennes, 6 bavaroises et 2 saxonnes.

En temps de paix les batteries sont à 4 pièces, ce qui donne pour l'ensemble un effectif de 1 476 pièces. Quelques batteries à cheval seules sont à 6 pièces dès le temps de paix.

La batterie montée compte en temps de paix 4 officiers, 87 hommes, 5 chevaux d'officiers et 44 chevaux de troupe.

Dans les mêmes conditions, la batterie à cheval compte 4 officiers, 89 hommes, 9 chevaux d'officiers et 76 chevaux de troupe.

Chaque régiment d'artillerie se compose de 2 ou 3 Abtheilungen (groupes) de 3 ou 4 batteries. Deux régiments forment une brigade, l'un d'eux fournit les batteries divisionnaires et l'autre les batteries de corps.

L'artillerie de campagne compte en temps de paix 1 939 officiers, 38 098 hommes et 17 232 chevaux.

L'*artillerie à pied*, affectée à la défense et à l'attaque des places, comprend 31 bataillons avec 730 officiers, et 17 226 hommes. Les bataillons, forts généralement de 20 officiers et 467 hommes, sont à 4 compagnies. Il y en a 24 prussiens, 4 bavarois, 2 saxons et 1 wurtembergeois. Deux bataillons constituent généralement un régiment.

Le *génie* comprend sur le pied de paix 558 officiers, et 12 285 hommes, à raison de 19 bataillons de pionniers (15 prussiens, 2 bavarois, 1 saxon et 1 wurtembergeois) et de 5 bataillons de chemins de fer. Le régiment prussien de chemins de fer est à 4 bataillons de 4 compagnies (14 compagnies prussiennes, 1 saxonne et 1 wurtembergeoise). Le bataillon bavarois est à 4 compagnies. En outre de cela, il y a encore le détachement d'aérostiers[1].

Les bataillons prussiens, sont à 4 compagnies (1 de pontonniers, 2 de sapeurs et 1 de mineurs); de même pour la Saxe et le Wurtemberg. Les bataillons bavarois sont à 5 compagnies dont 3 de campagne (pontonniers et pionniers) et 2 de forteresse (sapeurs et mineurs). Avec 25 officiers et 495 hommes.

Les bataillons de pionniers ne sont pas enrégimentés. — Les officiers du corps des ingénieurs ont un service distinct de celui des pionniers.

Le *train* comprend 18 bataillons (14 prussiens, 2 bavarois, 1 saxon et 1 wurtembergeois) à

1. Ces bataillons ont sur le pied de paix 18 officiers et 482 hommes.

3 compagnies, plus une compagnie hessoise avec un effectif de 256 officiers, 5 111 hommes et 3 310 chevaux.

La *landwehr* possède, dès le temps de paix, les cadres de 277 bataillons avec 316 officiers et 4 862 hommes. Les bataillons groupés par deux forment un régiment. Deux districts de bataillon de landwehr correspondent généralement à un régiment d'infanterie de ligne; ce sont eux qui lui fournissent ses hommes de complément. La garde tire ses réservistes de tout le pays ; les armes spéciales, y compris la cavalerie, se recrutent dans chaque corps d'armée sur l'ensemble de la région.

En cas de mobilisation, chaque régiment d'infanterie forme un bataillon de remplacement [1], fort de 22 officiers et 1 503 hommes et part avec 3 ou 4 bataillons à 4 compagnies. Les bataillons de ligne sont de 22 officiers et 1 002; ceux de landwehr sont de 802 hommes.

Chaque bataillon de chasseurs forme une compagnie de remplacement à 4 officiers et 250 hommes, et part avec un effectif, en officiers et en hommes, égal à celui des bataillons d'infanterie.

Les régiments de cavalerie forment, chacun, 4 escadrons de guerre, avec 23 officiers,

1. Ces bataillons et compagnies de remplacement restent provisoirement au dépôt.

606 hommes, 711 chevaux, et 1 escadron de remplacement avec 5 officiers, 202 hommes et 513 chevaux.

Les batteries montées passent à l'effectif de 5 officiers, 154 hommes et 150 chevaux (6 pièces).

Les batteries à cheval sont portées à 5 officiers, 154 hommes et 168 chevaux (6 pièces).

Chaque régiment d'artillerie mobilise, en outre des batteries, un certain nombre de sections de munitions (munitions-kolonnen), 1 section de parc et forme 2 batteries de remplacement (à 4 officiers, 215 hommes et 68 chevaux chacune, à 4 officiers, 139 hommes et 118 chevaux pour celles à cheval).

Les bataillons d'artillerie à pied se dédoublent.

Chaque bataillon de pionniers constitue 3 compagnies indépendantes fortes chacune de 5 officiers et 200 hommes, et un certain nombre de sections de télégraphie de campagne. Deux de ces compagnies sont chargées des équipages de pont divisionnaires ; chacune d'elles emmène 14 voitures et haquets avec le matériel nécessaire pour construire un pont de 35 à 38 m. de longueur. Le reste du bataillon emmène l'équipage de pont du corps d'armée (33 voitures et haquets) qui permet de jeter un pont de 125 à 132 m. de longueur. La compagnie de remplacement est forte de 5 officiers et 263 hommes.

Les *troupes de chemins de fer* forment des

compagnies d'exploitation, de construction et d'ouvriers de chemins de fer.

Chaque bataillon du train fournit des conducteurs et des ordonnances aux quartiers généraux et aux services administratifs. Il attelle 5 sections de vivres, 1 colonne de boulangerie de campagne, 1 dépôt de remonte mobile, 3 sections d'ambulance (fortes chacune de 12 voitures et 54 civières) et 5 colonnes de convoi. Chacun d'eux constitue en outre une abtheilung de remplacement (2 compagnies) qui reste au dépôt avec 10 officiers, 502 hommes et 211 chevaux.

Le corps d'armée mobilisé se compose de 2 ou 3 divisions d'infanterie. Chaque division d'infanterie comprend 339 officiers, 14 742 soldats et 63 médecins, payeurs, fonctionnaires de l'intendance, etc., etc., avec 2121 chevaux et 213 voitures.

Elle se compose, en dehors de l'état-major, de :

4 régiments d'infanterie (2 brigades) : 276 officiers, 12 066 hommes et 133 chevaux.

1 régiment de cavalerie : 23 officiers, 604 hommes, 711 chevaux.

1 abtheilung d'artillerie montée (à 4 batteries) : 22 officiers, 649 hommes, 618 chevaux, 24 pièces.

1 compagnie de pionniers : 5 officiers, 200 hommes, 19 chevaux.

1 équipage de pont divisionnaire : 2 officiers, 52 hommes, 88 chevaux.

1 détachement d'ambulance : 3 officiers, 194 hommes, 45 chevaux.

Des services administratifs : service de l'intendance divisionnaire, service des vivres de campagne, 1 médecin divisionnaire, service des postes de campagne, 1 auditeur divisionnaire, 2 aumôniers.

Les deux divisions d'infanterie, avec le bataillon de chasseurs et la 3e compagnie de pionniers, donnent donc : 705 officiers, 28 677 hommes où bien 30 886 hommes, 4 391 chevaux, 48 pièces et 442 voitures. Mais le corps d'armée compte encore, en outre de cela :

L'artillerie de corps avec 8 batteries montées et 2 batteries à cheval.
4 sections de munitions d'infanterie.
6 sections de munitions d'artillerie.
L'intendance.
Le service des subsistances.
La poste de campagne.
Les aumôniers.
Ce qui donne déjà un total de 95 officiers et 3347 hommes (dont 2 164 combattants), 3 364 chevaux, 60 pièces, 481 voitures.

De plus :

Le train et les convois, à savoir :
L'état-major du bataillon du train.
5 sections de vivres.
5 sections de parc.
1 boulangerie de campagne.
1 dépôt de remonte mobile.
12 hôpitaux de campagne (dont chacun peut recevoir 200 malades ou blessés).

L'équipage de pont du corps d'armée.

Ce qui donne encore : 30 officiers, 2 443 hommes (dont 826 combattants), 2 804 chevaux, 684 voitures.

Et enfin :

Le quartier général avec les différents services : intendance du corps d'armée, trésorerie du corps, direction du service des subsistances, direction du service de santé, du service de la poste, et l'auditoriat du corps d'armée ; en tout 13 officiers, 264 hommes (dont 107 combattants), 240 chevaux et 19 voitures.

Le *corps d'armée sur le pied de guerre* compte donc un effectif de :

843 officiers.
36 950 hommes (dont 31 783 combattants).
10 709 chevaux, 108 pièces et 1 626 voitures.

La division de cavalerie indépendante se compose généralement de 3 brigades à 2 régiments ; avec son abtheilung d'artillerie à cheval (3 batteries) et les différents services, elle atteint un effectif d'environ :

161 officiers.
5 268 hommes (dont 4 098 combattants).
5 410 chevaux, 18 pièces et 91 voitures.

D'après tout ce que nous avons vu, l'armée allemande se divise en troupes de campagne, troupes de réserve, et enfin troupes de garnison.

L'armée de campagne se compose de :

513 bataillons d'infanterie et 21 bataillons de chasseurs à pied, avec un effectif de 12 987 officiers et 550 254 hommes.

93 régiments ou 372 escadrons de cavalerie avec 2 140 officiers.

59 184 hommes et 55 608 chevaux.

364 batteries d'artillerie de campagne, avec 2 680 officiers, 92 526 hommes, 91 302 chevaux et 2 184 pièces.

87 compagnies de pionniers, y compris 18 compagnies d'ouvriers militaires de chemins de fer; en tout : 699 officiers, 26 820 hommes et 10 800 chevaux.

296 colonnes du train avec : 785 officiers, 43 004 hommes et 50 772 chevaux.

En ajoutant aux chiffres précédents les états-majors et les services administratifs, l'armée de campagne compte 20 871 officiers, 780 998 hommes, 218 592 chevaux et 2 184 pièces.

Les troupes de réserve sont fortes de :

166 bataillons de ligne : 3 238 officiers et 235 813 hommes,

21 compagnies de chasseurs à pied : 84 officiers, 6 110 hommes.

93 escadrons de cavalerie : 465 officiers, 23 994 hommes et 19 717 chevaux.

37 abtheilung d'artillerie de campagne avec 406 officiers, 16 879 hommes, 6 230 chevaux, 444 pièces.

23 compagnies de pionniers, y compris deux compagnies d'ouvriers militaires de chemins de fer : 103 officiers, 7 488 hommes.

37 compagnies du train : 247 officiers, 12 287 hommes.

En y comprenant les états-majors, nous trouvons :

4 459 officiers.
296 459 hommes.
31 373 chevaux.
444 pièces.

Les troupes de garnison, destinées à garder les routes d'étapes ainsi que les forteresses, peuvent, dans des circonstances exceptionnelles, être réunies à l'armée de campagne. Elles se composent d'hommes de la landwehr et forment :

359 bataillons d'infanterie : 7 896 officiers, 314 438 hommes.

21 compagnies de chasseurs : 84 officiers et 4 221 hommes.

36 régiments ou 144 escadrons de cavalerie : 828 officiers, 22 968 hommes et 25 380 chevaux.

54 batteries montées : 270 officiers, 8 748 hommes, 9 180 chevaux et 324 pièces.

62 bataillons d'artillerie à pied : 1 188 officiers, 49 426 hommes.

48 compagnies de pionniers : 128 officiers, 6 432 hommes.

En comprenant dans les chiffres plus haut les officiers et les hommes du service des étapes, on arrive au total de :

11 242 officiers, 416 233 hommes, 38 943 chevaux et 324 pièces de campagne.

On peut, d'après ce qui précède, évaluer l'effectif total de l'armée allemande à :

36 582 officiers.
1 493 690 hommes.

27 000 non combattants (médecins, payeurs, vétérinaires, etc., etc.).
331 904 chevaux.
2 952 pièces.

Il y a lieu d'ajouter, pour mémoire, aux chiffres précédents la gendarmerie du corps (Leibgendarmerie), qui se compose de 24 anciens sous-officiers. Cette petite abtheilung que les Berlinois désignent généralement sous le nom de Leibhusaren (hussards du corps), est commandée par un aide de camp de l'empereur. Les hommes portent un uniforme rouge, qui les désigne aux yeux de tout le monde. Ils accompagnent toujours le quartier général de l'empereur.

La compagnie de gardes du palais se compose de 70 hommes qui ont servi au moins 12 ans comme sous-officiers. Elle est également commandée par un aide de camp de l'empereur. En temps ordinaire les hommes sont chargés de la surveillance des jardins et des châteaux royaux ; dans les grandes circonstances, ils fournissent des gardes d'honneur. Ils ont un uniforme spécial et portent en grande tenue de service le bonnet pointu des grenadiers de Frédéric-le-Grand.

Je citerai en outre le corps des Feldjäger à cheval; il a une organisation toute militaire et se compose de 80 gardes généraux et autres fonctionnaires des forêts. Ceux-ci portent le titre de chasseurs ou de chasseurs en premier; ils remplissent en temps de guerre la mission de courriers. En temps de paix on les emploie fréquemment comme courriers de cabinet.

GRAND ÉTAT-MAJOR. — INSPECTION D'ARMÉE. AUMONIERS. — AUDITORIAT. — LA CROIX-ROUGE.

L'état-major allemand, peut-être le plus remarquable de tous ceux qui existent actuellement en Europe, a vu à sa tête, depuis les revers de 1807, une série d'hommes des plus distingués: Scharnhorst, Gneisenau, Müffling, Reyher et enfin de Moltke. Celui-ci est chef de l'état-major général, depuis le 29 octobre 1857, c'est-à-dire depuis trente ans passés!!! C'est du reste lui qui, soutenu continuellement par le roi de Prusse, réorganisa ce corps et lui donna sa constitution actuelle.

Au moment où Moltke fut nommé chef de l'état-major général, ce corps comprenait 64 officiers, à savoir : le chef, 13 colonels, 32 officiers supérieurs (dont 1 à chaque corps d'armée (9) et à chaque division (18)...) et 18 capitaines. Il compte aujourd'hui :

EMPLOIS	Chef de l'état-major général	Quartier-maître gén. Chef de la sect. topographique.	Chefs d'état-major et chefs de section au ministère	Officiers supérieurs.	Capitaines.	Commissaires de lignes (Officiers supérieurs)	Total
Grand État-major.							
Officiers du cadre, à Berlin..................	1	1	4	15	18		39
Officiers d'état-major, attachés aux gouverneurs et commandants de places fortes[1]				3	3		6
Officiers du cadre auxiliaire..............		1	5	9	36		51
Commissaires de lignes						11	11
Total.......	1	2	9	27	57	11	107
États-majors des troupes							
14 commandements de corps d'armée......			14	14	14		42
Inspection générale de l'artillerie de campagne			1				1
Inspection générale de l'artillerie à pied...			1				1
33 états-majors de division..............				31	2		33
Total..........			16	45	16		77
Total général.....	1	2	25	72	73	11	184

L'état-major bavarois compte en temps de paix 24 officiers, le wurtembergeois 7 et le saxon 10. De la sorte l'ensemble du corps allemand comprend 225 officiers en temps de paix, à l'ex-

1. Metz, Kœnigsberg, Thorn, Cologne, Mayence et Posen. Tous les renseignements relatifs à l'état-major sont empruntés à une brochure allemande intitulée : *General Feld-Marschall Graf von Moltke* par von Fircks (Paul Kittel, Kottbus, 1887).

clusion des 58 officiers détachés au grand état-major, et des 14 employés aux inspections d'armée et aux missions étrangères.

En temps de guerre, il se compléterait à l'aide de 66 officiers. D'après la brochure allemande que je viens de citer, il serait à peu près constitué comme il suit :

Quartier général de l'Empereur : 16 officiers d'état-major (1 major-général, 1 quartier-maître général, 3 chefs de section, 9 officiers supérieurs ou capitaines, 2 chefs d'état-major de l'artillerie de campagne et de l'artillerie à pied).

Chaque quartier-général d'armée : 8 officiers d'état-major (1 chef d'état-major, 1 quartier-maître supérieur, 6 officiers supérieurs ou capitaines).

Chaque quartier général de corps d'armée : 4 officiers (1 chef d'état-major, et 3 officiers supérieurs ou capitaines).

Chaque état-major de division,	1.
Service des étapes,	6.
Service des chemins de fer,	16.
États-majors fixes,	25.

D'après les expériences faites en 1870, on est admis à croire que ces chiffres sont de 15 0/0 environ trop faibles. En tablant sur 5 armées, avec 20 corps d'armée et 10 divisions de cavalerie indépendante, on arriverait à un chiffre de 233 officiers, qui monterait à 268 par suite de la majoration indiquée plus haut.

Le grand état-major se divise en 4 sections qui s'occupent de toutes les questions militaires à l'ordre du jour en Allemagne et à l'étranger. Elles centralisent tous les renseignements relatifs aux armées, à leur mobilisation, à leur armement, etc., etc. Le bureau des renseignements prépare les travaux de ces sections, en leur communiquant les journaux, revues, brochures, etc.

Chacune de ces sections s'occupe d'un théâtre de guerre spécial.

La première étudie la Norvège, la Suède, le Danemark, la Russie, l'Autriche-Hongrie, la Roumanie, la Serbie, le Montenegro, la Bulgarie, la Grèce, l'empire Turc et l'Asie.

La deuxième étudie l'empire d'Allemagne.

La troisième se consacre à la France, à la Suisse, à l'Italie, l'Espagne, le Portugal, l'Angleterre et l'Amérique du Nord.

La quatrième s'occupe des chemins de fer, concentration et transport des troupes et des approvisionnements; en temps de guerre elle est chargée de diriger tout le service aussi bien sur leterritoire national qu'en pays ennemi.

Le cadre auxiliaire (Neben-Etat) forme 5 sections, dont 3 dépendent du quartier-maître général (sections trigonométrique, topographique et cartographique). Les deux autres sont placées sous les ordres directs du chef d'état-major général; ce sont: la section historique, qui est chargée des archives et de la bibliothèque du grand état-major, et la section de géographie et de statistique.

INSPECTIONS D'ARMÉE

Les inspecteurs d'armée ne sont autres que les généraux ou les princes destinés à prendre, en temps de guerre, le commandement de ces armées.

L'armée prussienne (allemande) est répartie en 5 inspections d'armée, sans qu'il soit possible de donner des renseignements bien précis sur ce sujet.

Le prince Frédéric-Charles était inspecteur de la 3e armée, qui comprend les 7e, 8e et 10e corps, plus le corps d'armée saxon (12e).

Le Kronprinz est inspecteur de la 4e, qui se compose des 3e, 11e et 13e corps d'armée wurtembergeois, ainsi que des corps bavarois.

Le grand-duc de Bade se trouve à la tête de la 5e inspection ; celle-ci comprend les 14e et 15e corps, l'armée d'avant-garde.

Les deux autres inspections n'ont pas de titulaires connus pour le moment.

AUMONIERS

Se reporter pour cela aux chiffres indiqués à l'article « Corps d'armée ».

AUDITORIAT

L'auditoriat se compose des fonctionnaires et employés de la justice militaire [1]. Ces fonctionnaires ont les attributions de nos parquets militaires en temps de paix et celles des prévôts et grands-prévôts en temps de guerre. Ils ne sont pas officiers, c'est-à-dire, qu'ils ont une hiérarchie à part, les distinguant complètement de ceux-ci.

LA CROIX-ROUGE [2]

Le service des ambulanciers volontaires est parfaitement organisé en Allemagne. Ceux-ci se sont d'ailleurs distingués, pendant la campagne de 1870; et l'on ne saurait leur décerner trop d'éloges. Pour moi qui les ai vus de près et pendant longtemps, j'ai toujours constaté qu'ils soignaient nos blessés avec autant de bonté que

1. Le code de justice militaire allemand date du 20 juin 1872.
2. La Croix de Genève.

les leurs propres. Le comité central de la Croix-Rouge de Berlin a donné, à lui seul, pendant la guerre de 1870, 13 millions de thalers en argent et près de 6 millions de thalers en nature, ce qui fait un total de 71 millions de francs. Un beau denier!

D'après les dernières instructions ministérielles, les ambulanciers volontaires ne sont pas admis sur les champs de bataille; ils ne peuvent donner leurs soins dans les hôpitaux de campagne, que dans des cas tout à fait exceptionnels; les ambulances de la société ne doivent pas non plus être installées sur le théâtre des opérations.

Il faut dire que ladite circulaire leur laisse encore un champ assez vaste pour exercer leur œuvre de charité : hôpitaux d'étapes, stations de pansement et de halte-repas, trains d'évacuation des blessés. De plus, ils sont autorisés à réunir des envois pour les hôpitaux, à les leur amener, etc., etc. L'association de la Croix-Rouge est dirigée, en temps de paix comme en temps de guerre, par un commissaire impérial. Celui-ci a le droit de s'adjoindre, en cas de besoin, des délégués et des sub-délégués.

Cette association est puissamment aidée par les trois ordres de chevalerie qui existent encore en Allemagne : chevaliers de Saint-Jean (Johanniter), chevaliers de Malte (Malteser) et chevaliers bavarois de l'ordre de Saint-Georges.

ÉCOLES MILITAIRES

Ecoles de cadets

Les écoles de cadets sont au nombre de 10; elles se trouvent dans les localités suivantes: Kulm, Potsdam, Wahlstatt, Bensberg, Ploen, Oranienstein, Lichterfeld, Munich (pour la Bavière), Dresde (pour la Saxe) et Carlsruhe.

Les 7 dernières écoles prussiennes ne sont que des écoles préparatoires à celle de Lichterfeld, qui porte le titre *d'établissement principal* (Haupt-Anstalt); c'est là que tous les cadets prussiens vont terminer leurs études. Celle-ci comprend les classes suivantes : Secunda, Ober-Secunda, Prima, Ober-Prima et Selecta. L'âge maximum pour entrer à Lichterfeld est de seize ans.

Ces écoles, qui reçoivent les fils d'officiers ou de fonctionnaires de l'État, ne sont en quelque sorte que des collèges soumis à la discipline militaire et analogues à notre Prytanée militaire.

En règle générale, les cadets doivent, à leur sortie de la Ober-Secunda, l'examen de *fähnrich*. Toutefois, quand ils n'ont pas dix-sept ans ou que leur développement physique semble insuffisant, ils ne passent leur examen qu'à leur sortie de Prima. De même, quand ils ont passé, avec distinction, l'examen d'enseigne porte-épée, ils peuvent être admis dans la classe Selecta, où l'enseignement est le même que dans les écoles de guerre.

Dans ce dernier cas, ils subissent, à leur sortie de cette classe, l'examen d'officier et, s'ils sont reçus, ils entrent dans l'armée avec le grade de sous-lieutenant.

Le recrutement par les écoles de cadets a beaucoup diminué depuis quelques années. Autrefois elles fournissaient un tiers des sous-lieutenants; cette proportion n'est plus que de un cinquième à présent.

Donc les cadets entrent au régiment (sauf ceux de la classe Selecta) avec le grade d'enseignes porte-épée[1].

Presque tous les élèves de ces écoles sont boursiers (à bourse entière, demie ou un quart). Les sommes à payer par les parents varient dans les proportions suivantes : 450 marks (562 fr.) ou 300 (375 fr.) ou 180 (225 fr.) ou 90 (112 fr.25). Le nombre des cadets s'élève actuellement à 2 000 environ. Chaque école en renferme de 200 à 220.

Ecoles de guerre

Les écoles de guerre allemandes sont au nombre de neuf, savoir : Anklam, Cassel,

1. *L'Officier allemand. Son rôle dans la nation.*

Engers, Erfurth, Hanovre, Metz, Munich, Neisse et Potsdam. Il ne faut pas croire que ces écoles remplissent le même office que l'école de guerre de Paris. Elles sont instituées en vue de compléter l'éducation militaire des jeunes gens.

Les candidats officiers de toutes armes (sauf ceux qui ont fait une année d'études au moins dans une université allemande, et qui ont obtenu un certificat de bonne conduite) sont astreints à suivre les cours d'une école de guerre. Font également exception à la règle les cadets dont il a été parlé un peu plus haut. Les cours durent de 9 à 10 mois. Ils commencent le 1er mars de chaque année dans trois de ces écoles et le 1er octobre dans les autres.

L'enseignement que l'on y donne s'étend sur les matières suivantes : tactique, fortification, artillerie, connaissance du terrain, dessin, lever de plans topographiques (expédié), règlements divers, style militaire.

Les exercices corporels comprennent : les manœuvres, les opérations topographiques, visites d'ouvrages de fortifications, écoles à feu, puis la gymnastique, l'escrime, l'équitation, le tir, etc., etc.

Les élèves subissent, à la fin de chaque trimestre, un examen écrit et un examen oral ; à la fin du cours, ils passent leur examen d'officier devant quelques membres de la *commission supérieure d'examen*. Puis, ils rentrent dans leurs corps, où ils attendent leur nomination au grade de sous-lieutenant.

Ecole de cavalerie

L'école de cavalerie prussienne qui se trouvait autrefois à Schwedt, a été transférée à Hanovre, après la guerre de 1866. Elle porte actuellement le titre de *Militær-Reit-Institut.*

Un général de brigade se trouve à sa tête. Elle se divise en deux sections bien distinctes :

L'école de cavalerie pour les officiers qui est commandée par un directeur, ayant rang de colonel.

L'école des sous-officiers de cavalerie qui est commandée par le deuxième directeur.

La durée des cours est d'un an dans les deux écoles.

Les officiers élèves sont au nombre de 82 lieutenants (1 par régiment de cavalerie et 1 par brigade d'artillerie). Les instructeurs sont au nombre de 13 : 11 capitaines détachés des régiments, et 2 maîtres de manège. A la fin de l'année, les 24 élèves les plus forts restent pour en faire une deuxième dite de perfectionnement. Les douze plus anciens d'entre eux sont chargés d'instruire des sous-officiers élèves.

Le directeur de l'école des sous-officiers est un officier du grade de major ou de lieutenant-colonel. Les élèves, au nombre de 93, un par régiment, suivent également des cours d'une durée d'un an. A la fin de ce cours, les 28 meilleurs d'entre eux restent pendant une deuxième année, ils servent d'instructeurs aux nouveaux arrivants et reçoivent en outre une instruction dite de perfectionnement.

La partie la plus curieuse du programme de cette école, c'est certainement celle qui a trait aux chasses à courre. Les Allemands trouvent que cet exercice est excellent pour les cavaliers et ils l'ont rendu réglementaire. L'institut de Hanovre possède 25 couples de chiens, 12 sous-officiers remplissent les fonctions de piqueurs ; pendant toute la saison de chasses, il y a 3 fois par semaine laisser-courre; tous les officiers sont tenus d'y assister, tout service cessant.

Les officiers bavarois passent par l'école de cavalerie de Munich, qui dresse également les sous-officiers.

Ecole de l'artillerie et du génie

L'école de l'artillerie et du génie (Vereinigte Artillerie und Ingenieur Schule) est située à Charlottenbourg. Elle est commandée par un officier supérieur de l'une des deux armes, qui est assisté par un autre officier supérieur d'un grade moins élevé.

Tous les candidats officiers de l'une ou l'autre

de ces armes sont astreints à suivre les cours d'une école de guerre ; quand leur tour d'ancienneté les y appelle, ils sont promus : *sous-lieutenants hors cadres*. Ils ne sont nommés dans leur arme, qu'après avoir subi avec succès leur examen professionnel. Ils vont suivre les cours de l'école de l'artillerie et du génie, après avoir servi dans les corps de troupe pendant un certain temps [1].

Le cours inférieur, pour les artilleurs, dure dix mois et demi. En dehors de cela on admet à une Selecta 30 officiers au maximum, qui perfectionnent leur enseignement technique pendant neuf mois encore.

Les officiers ingénieurs suivent pendant un an le cours inférieur, puis le cours supérieur pendant l'année qui suit.

Les cours portent sur : l'art militaire en général, la tactique, l'artillerie et la fortification, l'histoire militaire, le dessin, les langues vivantes, les mathématiques, la physique, la chimie. Ils sont complétés à l'aide d'exercices pratiques, de visites d'établissements et de levers. En outre de cela, les ingénieurs font des dessins d'architecture, de fortification, etc., etc.

L'artillerie de campagne possède concurremment avec l'artillerie à pied une école d'ar-

1. Les artilleurs pendant 2 ans, les officiers du génie pendant 1 an. Ces deux limites sont des minima.

tillerie et une école pyrotechnique (Oberfeuerwerker Schule).

La première reçoit à chaque cours (2 par an) un officier et un sous-officier de chaque régiment. Elle est dirigée par un officier supérieur et elle se subdivise en une batterie et une compagnie d'instruction.

L'école de pyrotechnie, qui est dirigée par un officier supérieur, reçoit 240 élèves par an (les cours durent 20 mois).

ACADÉMIE DE GUERRE

L'académie de guerre correspond à notre école supérieure. Telle qu'elle existe aujourd'hui, elle date de 1860. La durée des études est de 3 ans. Il y entre à peu près 100 élèves par an.

Sur les 12 mois de chaque année d'études, 9 sont consacrés à l'enseignement scientifique donné à l'école même, les 3 autres se passent en exercices pratiques, en levers topographiques, en stages faits dans les corps de troupe, et en voyages d'état-major.

A la fin de leur troisième année d'études, les officiers rentrent à leur corps. Quelque temps après ils reçoivent leurs notes.

La Bavière a son académie de guerre spéciale, à Munich (36 élèves par an).

ARMEMENT DE L'ARMÉE ALLEMANDE

Infanterie.

L'infanterie allemande est armée du fusil modèle 71/84. Celui-ci ne présente pas de différences extérieures sensibles avec le fusil Mauser. Il est un peu plus court que ce dernier, mais il est également du calibre de 11^{mm} ; les garnitures sont en fer (autrefois elles étaient en cuivre). Le système de fermeture a subi quelques modifications insignifiantes ; de même pour la hausse (1600^{m}). La principale différence c'est que le fusil M. 71/84 possède un magasin. Celui-ci consiste en un tube léger en tôle d'acier, placé au-dessous du canon, dans le bois ; il renferme 8 cartouches. Le système de répétition est formé simplement par une espèce d'auget actionné de bas en haut et réciproquement par un levier de sonnette. Par le fait le fusil peut contenir 10 cartouches (1 dans la chambre, 1 dans l'auget et 8 dans le magasin).

Les Allemands prétendent qu'il ne leur faut pas plus de 20 secondes pour remplir complètement leur magasin. Tant mieux pour eux, mais jusqu'à preuve du contraire, je prie le lecteur de ne pas en croire un mot. Je ne parlerai pas des propriétés balistiques de l'arme, j'ai entendu dire à plusieurs anciens soldats et à un lieutenant de chasseurs (prussiens) qu'elles sont bien inférieures à celles du fusil m/71. Je n'ose trop y croire, car on me dirait que je prends mes désirs pour des réalités. Toutefois il faut se dire que nos excellents voisins n'en sont pas si enchantés que cela, autrement ils ne mettraient pas tout en œuvre pour inventer un fusil de petit calibre, et pour tâcher de nous voler le secret de notre poudre V.

Mais il y a autre chose que tout le monde ne sait pas et que mes petits renseignements particuliers me permettent d'affirmer: c'est que le nouveau fusil ne tire pas la même cartouche que l'ancien. Je m'explique : celle du nouveau fusil est plus courte que celle de l'ancien. Supposez donc que l'on se trompe dans le chargement d'un caisson de munitions, et que l'on mette des cartouches ancien modèle, les hommes qui les recevront ne pourront pas s'en servir pour charger leurs magasins. Ils seront donc aussi avancés que s'ils avaient des armes simples. Ce n'est, du reste, pas moi qui irai m'en plaindre.

En disant cela, je n'ai pas voulu faire ressortir ma perspicacité, j'ai tout simplement tenu à faire voir que personne n'est parfait sur cette terre... pas même les Allemands!!

Les fantassins ont aussi une nouvelle baïonnette; elle est très courte, et ressemble assez à un poignard.

La cavalerie est armée du sabre et de la carabine. Celle-ci est du système Mauser, elle a 1m. de long et pèse 3 kilog. 500. La hausse est graduée jusqu'à 1 300m. Les cavaliers non pourvus de la carabine et les sous-officiers de l'artillerie de campagne sont armés d'un revolver à 6 coups.

Artillerie.

L'artillerie de campagne se sert de 2 pièces dites de 8 centim. et de 9 centim. dont les calibres réels ne sont que de 78 ^{mm} et 88^{mm}. Le canon de 8, dit léger, est exclusivement réservé aux batteries à cheval; le canon de 9, dit lourd, forme l'armement des batteries montées.

Ces pièces sont faites d'un tube en acier fondu garni à la partie postérieure d'une frette unique qui embrasse la culasse et le tonnerre et qui porte les tourillons.

Le système de fermeture est à coin (cylindre prismatique); celui-ci glisse transversalement dans une mortaise de même forme. L'obturation s'obtient à l'aide d'un anneau Broadwell.

Ces canons tirent trois espèces de projectiles :

1° Un obus du système Uchatius, à segments annulaires. Il ne diffère que très peu de notre obus à balles de 90^{mm}. Il est muni d'une fusée percutante analogue à la fusée française (Budin modèle 1880).

2° Le shrapnel ou obus à balles. Celui-ci porte une fusée à temps (3 500^{m}).

3° Une boîte à mitraille.

Les poids des obus sont un peu inférieurs à ceux des nôtres.

Les charges de poudre sont de :

1 k. 250 pour le canon de 8 centim. Vitesse initiale 465^m.

1 k. 500 pour le canon de 9 centim. Vitesse initiale 444^m.

Les vitesses sont très inférieures à celles de nos canons; aussi peut-on dire que ceux-ci sont supérieurs à ceux des Allemands, sous le rapport de la tension des trajectoires. Les justesses sont à peu près les mêmes.

Comme détail intéressant, j'indiquerai le chargement de l'avant-train et celui des caissons :

Canon de 8 centim.	18 obus, 18 shrapnels, 3 boîtes à mitraille dont 1 sur l'affût
Canon de 9 centim.	15 obus, 15 shrapnels, 3 boîtes à mitraille dont 1 sur l'affût

Chaque caisson porte les quantités suivantes :

Canon de 8 centim.	40 obus, 40 shrapnels.
Canon de 9 centim.	40 obus, 35 shrapnels.

Matériel de siège et de place.

Le matériel de siège comprend les pièces suivantes :

Canon de 12 centim. (culasse),
Canon de 15 centim. court (culasse),
Canon de 15 centim. fretté (culasse),
Canon de 21 centim. court, en bronze mandriné (culasse),
Mortier rayé de 21 centim. (culasse),
Mortiers rayés de 9 centim. et de 15 centim. en bronze mandriné (culasse).

Parmi ces pièces, le 15 centim. fretté et le mortier rayé de 21 centim. forment la partie essentielle des parcs de siège allemands. Ceux-ci sont au nombre de 2, placés l'un à Spandau, l'autre à Posen et à Coblentz.

Chacun d'eux comprend 400 pièces, savoir:

40 canons de 9 centim.[1],
120 pièces de 12 centim.,
120 pièces de 15 centim. court, en bronze,
40 pièces de 15 frettées,
40 mortiers de 21 centim., en bronze,
40 mortiers lisses de 15 centim. en bronze et
150 fusils de rempart du système Mauser.

Il existe en outre de cela, deux parcs de siège volants (Metz et Strasbourg); composés chacun de 40 pièces (12 centim., 15 centim. court, et 21 centim.) et destinés spécialement à l'enlèvement des forts d'arrêt.

1. Les pièces de 9 centim. sont supprimées, mais je n'ai pu savoir par quoi on les a remplacées.

PRINCIPAUX ÉTABLISSEMENTS MILITAIRES

Les principaux établissements de l'artillerie sont:

Quatre arsenaux ou ateliers de construction à Spandau, Dantzig, Deutz et Strasbourg.

Une fonderie à Spandau (bronze-acier).

Une fonderie de projectiles à Siegburg.

Un laboratoire pyrotechnique à Spandau.

Deux poudreries de guerre à Spandau et à Hanau. (Il y en avait une à Metz; mais elle vient d'être supprimée tout récemment.)

La poudrerie royale saxonne de Guaschwitz.

La plupart des poudres de guerre sont fabriquées actuellement par les poudreries civiles.

Je ne parlerai pas des usines de Krupp, ni de celles de Grüson; elles sont assez connues.

FABRIQUE DE CONSERVES de Mayence

Le gouvernement allemand n'attache pas ses chiens avec des saucisses, comme on dit vulgairement. C'est pour cela qu'il a établi à Mayence une fabrique qui fournit à l'armée toutes les conserves dont elle a besoin et qui consistent en café comprimé, thé et coca, puis en tablettes de soupe aux pois, de bouillon ordinaire, et de soupe au riz et aux lentilles, en choucroûte comprimée, en haricots, julienne et pommes de terre desséchées. Elle fait aussi des conserves de viande de toute espèce, du foin comprimé, etc.

Récemment elle a fabriqué des biscuits pour les chevaux; ceux-là se composent d'un mélange d'avoine, de maïs, de pain, de pois cassés et de farine. Chaque cheval peut porter une quantité de ces biscuits capable de le nourrir pendant trois jours.

Les Allemands, se rendant bien compte que les vivres de conserve joueront un rôle important dans les guerres futures, ont outillé leur fabrique de telle façon qu'elle puisse fournir, en cas de besoin, et par jour:

100 000	rations	de	viande,
600 000	—	—	café,
100 000	—	—	légumes,
60 000	—	—	pain artificiel (pain grillé et comprimé),
20 000	—	—	nourriture pour les chevaux.

Je crois qu'il serait superflu de donner plus de détails sur ce sujet. Ce que nous venons d'en dire suffit pour montrer que cette installation est tout à fait grandiose.

REMONTES

L'Allemagne possède environ 4 millions de chevaux. Sur ce nombre il en revient à peu près 2 500 000 à la Prusse.

Il y a en Prusse trois grands haras : celui de Trakehnen près de Gumbinnen, celui de Graditz près Torgau et celui de Beberbek. Les chevaux de pur sang appartenant à l'Etat (environ 40) se trouvent à Graditz. En dehors de cela il y a 15 haras provinciaux.

Les principaux pays d'élevage sont la Prusse orientale, la Prusse occidentale et le Hanovre.

Six commissions d'achat parcourent les provinces pour faire l'acquisition des chevaux (de 3 ans). Des cavaliers qui les accompagnent amènent ces animaux dans les dépôts de remonte. Ceux-ci sont au nombre de 15[1] : 7 en Prusse : Jurgaitschen, Neuhof-Ragnit, Kattenau, Brakupœnen, Pr. Mark, Sperling et Liesken ; 2 en Poméranie : Neuhof-Treptow et Ferdinandshof ; 1 à Bærenklau (Brandebourg) ; 1 à Wirsitz (Posen) ; 1 à Wehrse (Silésie) ; 1 à Arendsee (province de Saxe) ; 1 à Hunnesrück (Hanovre) ; 1 à Oberseener-Hof (Hesse grand-ducale).

MARINE ALLEMANDE

La loi militaire s'étend aussi à la flotte ; c'est-à-dire que les populations maritimes de l'empire doivent le service de 17 à 45 ans, dans les mêmes conditions que l'armée de terre.

1. La Prusse fournit les chevaux au corps d'armée wurtembergeois.

La marine allemande est placée sous les ordres de l'amirauté, de laquelle relèvent les deux grands commandements : de la mer du Nord à Wilhelmshaven, et de la Baltique à Kiel. Un amiral est placé à la tête de chacun d'eux. Le chef de la station maritime exerce son commandement sur toutes les personnes faisant partie de la station, sur les ouvrages fortifiés, les vaisseaux et bâtiments quelconques de la flotte, enfin il est inspecteur général des établissements d'instruction situés dans son ressort.

Les équipages de la flotte forment dans chaque station une division de matelots, et une division d'arsenal. Cette dernière est chargée de l'instruction des recrues : c'est elle qui fournit les machinistes, les chauffeurs, les ouvriers, etc., etc.

Les détachements d'artillerie de marine sont chargés de la défense des ports et des côtes.

Le bataillon d'infanterie de marine (6 compagnies) tient garnison dans les établissements maritimes et assure le service de garde à bord des bâtiments importants.

Il existe 3 arsenaux et chantiers (à Dantzig, Kiel et Wilhelmshaven) pour la construction des navires et des machines [1].

L'académie de marine, l'école de marine,

1. La flotte allemande s'est entièrement affranchie de l'industrie étrangère.

et l'école des sous-officiers se trouvent à Kiel. Cette dernière forme le personnel des machinistes, pilotes et torpilleurs.

L'académie de marine, dont les cours durent deux ans, reçoit chaque année 22 officiers. Elle correspond à l'académie de guerre.

L'école de marine comprend un cours pour les cadets de marine (qui dure 6 mois) et un autre pour les officiers.

Le corps des officiers de marine comprend, en dehors des 7 amiraux, les officiers d'infanterie de marine, les ingénieurs-machinistes, les officiers artificiers, les officiers torpilleurs et les ingénieurs, les médecins et les payeurs, avec un effectif de 807 (budget de 1887-88).

Le personnel subalterne de la marine compte 14 285 hommes, à savoir :

Divisions de matelots, 9 077 hommes,
Divisions des arsenaux: 3 230 hommes,
Bataillon d'infanterie de marine, 960 hommes,
Détachement de mousses, 510 hommes.

Matériel de la flotte :

98 bâtiments (dont 10 bateaux-pilotes).

Les 88 bâtiments restants représentent 178 352 tonnes, avec une force nominale de 161 705 chevaux. Leur équipage se monte à 16 753 hommes.

Il y a dans ce nombre :

13 cuirassés,
14 bâtiments cuirassés,

5 croiseurs,
9 frégates croiseurs,
4 canonnières,
8 avisos,
10 vaisseaux-écoles.

Leur armement comporte 553 canons.

Il y a en outre de cela 1 bâtiment affecté au service hydrographique, 2 transports, et 96 bateaux-torpilleurs (ce chiffre doit être porté à 150)[1].

Depuis quelque temps l'amirauté s'occupe bien plus de fortifier les ports et les côtes que de construire de nouveaux bâtiments; et l'on peut affirmer, sans crainte d'être contredit, que la marine allemande est à peine en état, à l'heure qu'il est, de lutter en pleine mer avec celle des États secondaires. Il est douteux qu'elle puisse faire quelque chose de saillant, au cours de la prochaine guerre; c'est probablement pour parer à cette insuffisance, que le chancelier cherche en ce moment à faire entrer l'Angleterre dans la triple alliance. Cela changerait évidemment la thèse, tout en n'ayant rien d'excessivement inquiétant pour nous, car les évolutions de la flotte britannique, lors des fêtes de jubilé, ont inspiré d'assez tristes réflexions aux Anglais et aux Allemands qui les ont vues.

1. *Revue du Cercle militaire.*

DES OFFICIERS

III

DES OFFICIERS

Dans ce chapitre, l'auteur s'efforce de démontrer avant tout que le corps d'officiers français n'est pas uni le moins du monde, qu'il est au contraire profondément divisé par suite des différences d'origine d'abord et ensuite parce que l'éducation n'est pas la même pour tous.

M. Celticus a parfaitement raison au point de vue des apparences. En temps de paix les rivalités d'armes existent chez nous au grand soleil; ce qui est naturel et par suite excusable; mais je défie qui que ce soit de citer une circonstance de guerre où une arme ait été abandonnée ou sacrifiée par une autre.

Et puis enfin pourquoi chercher la paille chez les autres, quand on est soi-même affligé d'una poutre? Croyez-vous que, pour ceux qui connaissent l'armée allemande d'une manière moins superficielle que vous ne connaissez la nôtre, votre fameuse camaraderie soit si démontrée que cela? Est-ce que tout ne se passe pas chez vous comme chez nous? Est-ce que le fantassin n'est pas un *Fusslatscher* chez vous, comme il est le *pousse-caillou* chez nous? Et l'artillerie et le génie qui sont chez nous les armes savantes? Comment les traitez-vous? L'officier d'infanterie (français) dont j'ai déjà parlé plus haut et qui ne vous marchande pourtant pas les compliments est obligé d'avouer à leur sujet ce qui suit : « A quoi faut-il attribuer le *discrédit* dans lequel se trouvent encore aujourd'hui l'artillerie et le génie en Prusse, si ce n'est à un respect exagéré des traditions? Frédéric avait une véritable aversion pour ces deux armes. »

Personne ne me fera croire que les officiers des gardes du corps fréquentent assidûment et avec plaisir les officiers d'infanterie, d'artillerie et même ceux des autres régiments de cavalerie.

Ce serait une erreur de croire que dans le même régiment tous les officiers s'entendent si admirablement que cela. A la surface peut-être? mais au fond, non! Vous avez la distinction bien caractérisée entre les officiers à particule et ceux qui n'en ont pas. La théorie du *Schwertadel* que l'officier d'infanterie expose fort bien, est très jolie, mais ce n'est qu'une théorie. Que deux officiers allemands, qui ne se connaissent pas, viennent à se rencontrer dans des conditions telles qu'ils soient obligés de passer un moment ensemble, par exemple en chemin de fer, ils se présenteront l'un à l'autre (c'est la mode en Allemagne). Si l'un des deux est titré, il s'empressera de demander à l'autre s'il est *Von*. Si oui, tout ira pour le mieux et la cordialité la plus charmante régnera entre les deux Herren Kameraden; si non, on se donnera tout de même du *Kamerad*, mais l'intimité s'en ressentira. Deux officiers français placés dans des conditions identiques se demanderont leur ancienneté; après quoi ils causeront ensemble de la façon la plus gaie et la plus propre à atténuer l'ennui du voyage.

Voyez un peu ce qui se passe dans un régiment allemand; tant que l'on est au casino, on fraternise, mais sortis de là, les *Herren Von* vont de leur côté, et les autres du leur.

Du reste la meilleure preuve que cette camaraderie n'est pas dans le sang des Allemands, c'est que le gouvernement fait tout pour la créer. Or, on ne crée pas ce qui existe, pas plus qu'on ne cultive la vigne dans les pays où elle pousse naturellement. Si tous les officiers allemands éprouvaient un besoin si impérieux de vivre ensemble, leur gouvernement n'irait pas follement gaspiller son argent pour leur donner des lieux communs de réunion.

La camaraderie chez eux, c'est une affaire d'étiquette et voilà tout!

Quand on les a vus tant soit peu de près, on est vite édifié à ce sujet. Tel capitaine K. de tel régiment ne se serait pas suicidé en juin ou juillet dernier, s'il n'avait pas été dénoncé par tel lieutenant von S. Je n'ai jamais entendu dire que la dénonciation constitue un acte de camaraderie. Tout le monde connaît, en Allemagne, l'histoire du comte de K., lieutenant de cuirassiers, qui fut obligé de donner sa démission, parce qu'il avait dit en présence de plusieurs *camarades* que sa religion lui défendait de se battre en duel. Il fut dénoncé par un *camarade* et dut donner sa démission, ne voulant pas se soumettre à la loi barbare qui impose à tout officier allemand, insulté par un individu auquel il ne peut demander satisfaction, l'obligation de quitter le service.

Passons.

M. Celticus dit que l'une des preuves que le corps d'officiers français n'est pas bien uni, c'est que l'on y mange par tables, les sous-lieutenants et lieutenants à l'une, les capitaines à l'autre, les commandants, etc., etc. Mais en est-il autrement en Allemagne ? Ah ça ! est-ce que les capitaines allemands sont tenus de manger au casino? J'espère que l'auteur ne veut pas dire cela, car il prouverait alors qu'il ne connaît pas plus son armée nationale que la nôtre. — Les sous-lieutenants et lieutenants garçons mangent ensemble; ils y sont obligés, comme chez nous. Et les capitaines garçons mangent où il leur plaît, l'un au Bœuf rouge, l'autre au Bœuf d'or et ainsi de suite.

Je m'aperçois, au moment où j'écris ces lignes, que l'auteur cite comme une de ses principales sources d'information, une pièce de théâtre (*N'y touche* (sic) — Mad. Judic). Je ne vois pas trop ce que la diva des Variétés peut avoir à faire là-dedans. Cela prouve que M. Celticus l'a vue, mais voilà tout. Il dit que les officiers français prennent pension dans de petits hôtels, où ils sont servis par des *dames* (!). Mais oui ! dans *Mamselle Nitouche*. En tout cas j'ai vu un spectacle auquel il ne m'a jamais été donné d'assister en France, j'ai vu, de mes propres yeux vu, des officiers prussiens en grande tenue embrasser les filles de service et leur pincer les mollets sans la moindre vergogne, dans des brasseries où il y avait 500 personnes au moins. Tout le monde acceptait cela comme chose très naturelle.

J'ai vu aussi (bien malgré moi, hélas ! car je dormais si bien !) une bande de sous-lieutenants et de lieutenants ivres-morts, qui promenaient en ville, à 2 heures du matin, sur un haquet de tonnelier un sergent-major de leur régiment, qui était encore plus... malade qu'eux. J'avoue que je la trouvais déjà mauvaise d'avoir été réveillé en sursaut par les hurlements sauvages de ces ivrognes, j'étais sur le point de me révolter à la vue de ce spectacle ignoble. Je me rappelai, heureusement à temps, que j'étais Français et qu'eux étaient Allemands et parfaitement dans leur rôle.

Franchement j'aime encore mieux la conduite de l'officier français. Je ne dirai pas qu'elle soit toujours irréprochable, mais jamais, au grand jamais je n'ai entendu dire que l'un d'entre eux ait fait un scandale du genre de celui que je viens de citer plus haut.

« Aussitôt après son dîner, qui a lieu à 6 heures, l'officier se met en bourgeois et va à son café habituel, aussi bien à Paris qu'en province. On ne peut alors plus guère le prendre pour un officier, car il n'est pas excentrique, comme les nôtres, en bourgeois. Il se met en civil même pour aller en société; on ne le voit en uniforme que dans les grands bals officiels. Dans les petites villes les officiers restent presque toujours en tenue, malgré l'autorisation ministérielle qui leur permet de se mettre en bourgeois. *Ils vont au café sans sabre, font leur partie de piquet ou de domino et fument un nombre incalculable de cigarettes ou de pipes, tout en crachant continuellement et sans le moindre souci de leurs voisins. C'est pour cela du reste que l'on a soin de répandre du sable par terre dans les cafés qu'ils fréquentent.* »

Je n'irai certes pas faire la bêtise de réfuter pareilles idioties. Je me contenterai de dire ce que font les officiers garçons en Allemagne. Deux cas se présentent : ou bien ils logent à la caserne, ou bien ils ont leur chambre en ville.

S'ils logent à la caserne, une fois leur service

fini, ils expédient leur Bursche à la cantine des sous-officiers chercher leur souper [1], celui-ci se compose généralement d'une salade de hareng, ou d'une *Knackwurst* ou bien encore d'une portion de Limburger (fromage), qu'ils arrosent de 2 ou 3 seidel. Après quoi ils se mettent à fumer un certain nombre de purs Havanna (à 5 pour un sou) ou de grandes pipes en porcelaine ; mais, comme ils sont plus économes que les officiers français, ils ne crachent pas (*suum cuique*). Une fois que la tête leur tourne, ils se couchent, se réjouissant fort de pouvoir recommencer le lendemain.

S'ils logent en ville, ils se font chercher un plat chaud au casino, ou bien, ce qui revient moins cher, un plat froid, dans le genre de ceux que j'ai cités plus haut, à la cantine; bien entendu, ils arrosent le tout d'un chiffre respectable de seidel. Ceux qui sont plus relevés vont dîner à la brasserie; j'ai bien souvent assisté à des repas de ce genre. Cela m'a toujours rendu joyeux de voir un de nos fiers vainqueurs s'installer devant un *Wiener Schnitzel*, ou une tranche de langue à la sauce piquante. Comme ils dégustent cela lentement, méthodiquement, se

1. Les officiers allemands ne prennent qu'un repas en commun, au casino, celui de midi (ou plutôt de 1 heure de l'après-midi). Ce repas leur coûte de 1 franc à 1 fr. 25. sans le vin ou la bière. Le soir, ils mangent où ils veulent.

passant sur la moustache, à intervalles bien réglés, le morceau de papier de soie[1], aux initiales de la brasserie, qui leur sert de serviette. Et qu'ils sont contents de montrer aux bourgeois, qui les regardent d'un air ahuri, comment un Herr offizier mange ! Une fois le dîner terminé, ils allument un cigare de forme élégante, qu'ils fument, sans cracher, puis ils se lèvent à peu près rassasiés, et s'en vont le cœur content, heureux d'avoir contribué une fois de plus au relèvement intellectuel et moral de leur pays en faisant voir aux bourgeois la manière dont on mange dans le Schwertadel, et pleins du plus profond mépris pour ceux qui ne les ont pas compris.

Pour moi, je n'ai jamais pu m'empêcher de rire comme un fou en voyant le brave Bursche passer devant moi porteur du dîner ou souper (comme vous voudrez) de son officier. On ne peut pas s'imaginer les tendres précautions qu'il a pour l'assiette dans laquelle nage au milieu d'une mare de vinaigre, un pauvre hareng qui se pâme à l'idée de fournir la nourriture corporelle à un brillant officier. De l'autre main le Bursche tient le « seidel » rempli de la mousseuse liqueur de Gambrinus. Ce Bursche, entre son hareng et son seidel, me représente parfaitement le dualisme allemand. Il se moque bien

1. Ces serviettes ressemblent point pour point à celles qui servent en France à un autre usage.

de l'équilibre européen : le seul qui le préoccupe, c'est celui du hareng et du seidel.

Mais en voilà assez sur ce sujet. *L'Officier d'infanterie* nous dit qu'il y a tous les mois un repas de corps (Liebesmahl), destiné à resserrer les liens de camaraderie entre les différents officiers du même régiment. Je crois que ces repas d'amour sont plutôt matière à franche beuverie et voilà tout.

« Une des raisons qui s'opposent le plus à la camaraderie entre les officiers français, c'est la présence des *femmes militaires* (?). Avant 1870 on n'accordait qu'à très peu d'officiers la permission de se marier. Et puis, il faut bien le dire, tous les Français ont une tendance aux alliances illégitimes, à ce point que les mères, les sœurs, savent que leurs fils ou frères ont des maîtresses et qu'elles en parlent. L'officier, mal payé, presque toujours sans fortune, ne peut guère se marier; ses moyens ne lui permettent pas de faire des extravagances. Aussi le voit-on presque toujours vivre avec une *ouvreuse* [1], qui demeure chez lui et qui travaille la journée dans un atelier (*mais dans les villes où il n'y a pas de théâtre ???*). Le logement d'un officier se compose généralement d'une petite salle à manger, d'une chambre à coucher et

1. Cela veut probablement dire : une ouvrière; sinon, les fréquents incendies dans les théâtres s'expliqueraient tout naturellement.

d'un cabinet, où se tient l'ordonnance. Celui-ci vient faire le ménage, puis il retourne à sa compagnie. Généralement, c'est la *femme maîtresse* (*sic*) qui tient le ménage. (Celui-ci ne doit pas en souffrir, si la femme mérite bien son titre [1].) Beaucoup de propriétaires n'aiment pas louer à des officiers, pour cette raison-là. Aussi la plupart d'entre eux logent-ils à proximité de leurs casernes, dans un *quartier militaire*, qui ne jouit pas d'une réputation bien fameuse en général. L'officier français ne peut naturellement pas s'offrir un logement bien luxueux, il est trop mal payé pour cela, etc., etc., etc. »

Nous sommes édifiés sur la vie de l'officier français, en dehors de son service; nous savons qu'il va tous les soirs à heure fixe cracher dans un café, etc., etc., etc.... Que fait l'officier allemand? A-t-il aussi une conduite si dépravée? Nous avons déjà vu qu'il ne crache pas sur le plancher des brasseries. Crache-t-il sur autre chose? Mais non! mais non! Dans les grandes villes, dame! les plaisirs ne lui manquent pas, et il paie... de sa personne. Dans les petites villes, idem. Car il ne faut pas se dissimuler qu'il n'a pas à courir comme l'officier français, pour se faire une maîtresse. Il est toujours sûr de trouver une *Hausmamsell*, prête à lui sa-

1. Cette réflexion spirituelle est de moi, et non de M. Celticus.

crifier son *Mächhenherz* virginal (aveu naïf et timide que la douce jeune fille répète à tour de rôle à tous les locataires qui se succèdent dans la maison). Le *Herr papa*, la *Frau mama*, toute la famille sait ce qui se passe, et remercie le Seigneur de la grâce qu'il déverse sur elle. Dame ! quand il y a un accident, la situation change; l'officier ne peut épouser, car ce n'est pas *Standesgemäss*, il se fait déplacer. De temps en temps il envoie une *Douceur* à son amie, mais il se garde bien de jamais reconnaître le marmot.

Enfin, les officiers garçons ne détestent pas la fréquentation des « pikanten Soubretten », ni celle des « Kammermädchen », il y a même des pays où ils sont encore moins difficiles que cela. Si vous ne l'avez déjà fait, je vous engage à lire un numéro des *Fliegende Blätter*, où se trouve une histoire de ce genre, bien amusante et fort bien rendue par le crayon de l'artiste.

Un capitaine de hussards, ayant terminé sa visite, prend congé de la maîtresse de maison. Celle-ci sonne la femme de chambre, et lui dit d'éclairer le *Herr Hauptmann* [1].

— Oh, Madame ! c'est bien inutile d'allumer une bougie, car monsieur le capitaine me la souffle quand même toujours dans l'escalier.

1. Cette histoire se trouve également dans le livre que M. Grand-Carteret a publié *sur la Femme en Allemagne*.

Tête du capitaine!

Eh bien, oui, c'est dur à dire, mais c'est comme cela. L'immortel Trublot n'est pas le seul à se hisser furtivement dans les chambres de bonnes.

M. Mathias Vallady a dit dans son pétillant livre des *Filles d'Allemagne* combien l'officier est redouté des civils, en matière d'amour. Je renvoie le lecteur à cette œuvre spirituelle et amusante et je continue mon examen du chapitre II.

« Des centaines d'officiers ont demandé à aller au Tonkin. Savez-vous pourquoi? Pour avoir quelques centaines de francs de retraite de plus. On comprend cela de suite, quand on connaît la manie qu'ont tous les Français de pouvoir jouer aux rentiers à cinquante ans. »

Je laisse à M. Celticus la responsabilité de l'infamie qu'il a dite là. Je suis trop généreux pour lui dire que le parti militaire prussien pousse toujours à la guerre, pour toucher une grosse solde de campagne, pour pouvoir vivre sur le pays ennemi, *wie unser Herr Gott in Frankreich* (traduisez : comme des coqs en pâte) et pour recevoir de grosses dotations à la suite.

« De tout ce que nous avons dit du recrutement et de la situation matérielle de l'officier français, il ressort qu'il n'a pas une situation bien élevée dans la société. Ou plutôt le corps d'officiers, en lui-même, ne fait pas partie de la société en France. Les cercles civils recherchent les quelques officiers qui leur conviennent le mieux par leur origine et leurs recommandations (synonyme de protection en France); ceux-ci fréquentent les familles, en bourgeois et non en uniforme. Ce fait caractérise bien la situation.....

» Depuis que les généraux Thibaudin et Boulanger ont déplacé et désorganisé des régiments renfermant des officiers nobles, tous les grands noms ont quitté l'armée. C'est l'élément démocratique qui prend le dessus.....

» Dans les grandes villes, à Paris, Lyon, Marseille, Bordeaux, l'officier ne va pas du tout dans le monde (en tant qu'officier); dans les petites villes les officiers supérieurs seuls appartiennent à *la colonie*, je voudrais dire : *la haute volée* (! ! !). Eux seuls fréquentent les notaires ! ! les magistrats, les hauts fonctionnaires, les grands commerçants ! ! !

» En général il n'y a qu'un grand bal par hiver : chez le préfet ou le sous-préfet. Tous les officiers y sont invités. Étant donné l'esprit de parcimonie bien connu des Français, les particuliers ne donnent presque jamais de grandes soirées.

» *Les écoliers* (probablement anciens élèves d'une école, ce qui n'est pas la même chose), presque seuls, se marient. Les anciens sous-officiers en sont donc réduits à avoir des maîtresses..... »

En Allemagne, il faut bien le dire, les officiers sont reçus partout et avec la plus grande faveur; mais cela tient à ce qu'eux se trouvent au sommet de l'échelle sociale. Ils fréquentent les *notaires* [1], les magistrats, les hauts fonctionnaires ; mais ils ont surtout un faible pour les gros commerçants. Il faut voir le succès des Herren Commercienræthe, auprès des Herren Lieutenants. Ceux-ci leur trouvent toutes sortes de qualités aimables, mais ils n'ont qu'une chose en vue, non pas la fille, mais le sac. Ces gens-là, qui ne sont pas parcimonieux comme nos compatriotes, se fendent au moins, ils donnent des soirées, des redoutes (comme cela sent son Leuis XV!), au cours desquelles on abreuve tous les gosiers du Schwertadel avec de la bonne bière de Munich (à 20 marks l'hectolitre). C'est là qu'on fait de ces fins soupers avec des *Hamburger Bücklinge* et de la *salade de pommes de terre!* Somme toute, je crois que ces messieurs ne trouveraient pas beaucoup de permutants dans l'armée française, le *gendarme* et toutes autres choses indigestes répugnant toujours à des estomacs qui se respectent. Les conditions du mariage sont très dures en Allemagne (au point de vue de la dot), car la fiancée du lieute-

1. En Allemagne, les notaires sont en haut de l'échelle sociale.

nant doit justifier d'un revenu de 2 500 marks soit de 3125 fr., ce qui représente un capital de près de 100 000 francs. Celle du capitaine de 2e classe doit avoir 1 800 marks de rentes, soit 2 250 fr. A partir du grade de capitaine de 1re classe, il n'y a plus de dot réglementaire. Ces conditions sont évidemment très dures (pour le beau-père) mais je me hâte de dire qu'elles sont remplies par bien peu de ces personnes. Pour ma part, je connais un certain nombre de jeunes filles qui ont épousé des officiers sans avoir 2125 francs de revenu. Bien mieux, j'en connais une qui va se marier sous peu et qui n'aura pas même 1 200 francs. Malgré cela le fiancé a donné sa parole d'honneur qu'il aurait la rente réglementaire.

Tout ceci pour dire que l'on n'est pas plus parfait en Allemagne qu'ailleurs.

Je crois que nous pouvons passer maintenant à la comparaison des privilèges dont jouissent les officiers allemands avec ceux des Français. Je prends les renseignements concernant l'Allemagne dans *l'Officier allemand;* pour tout ce qui regarde les officiers français, j'ai demandé conseil à plusieurs de nos généraux de l'avenir, aussi modestes qu'instruits. Chose qui n'étonnera aucun militaire, je puis déjà dire, à l'avance, que l'officier allemand tient la corde, sous ce rapport.

« Le premier de tous les privilèges (des officiers allemands), à cause de son ancienneté, c'est la perspective qu'ils ont de pouvoir être anoblis (chose qui n'arrive que très rarement aux fonctionnaires civils, même à ceux qui occupent les emplois les plus élevés). Mais il y en a un autre surtout qui doit attirer notre attention, car c'est lui qui assigne à l'armée le premier rang dans la hiérarchie sociale, c'est le droit de préséance.

» La *Revue militaire de l'Étranger* (n°, 543, année 1882) reproduit et commente des extraits du Hof-Rang. Règlement de 1871 (Règlement des rangs à la cour). Ce règlement énumère les personnes admises à la cour (Courfæhig). La première chose qui frappe le lecteur, c'est que tous les officiers sont courfæhig.

« Les fonctionnaires civils au contraire sont, en raison de leurs fonctions, rangés par classes de Rath (conseiller), Wircklicher Geheimer Rath (conseiller réel intime), et Rath de 1re, 2e, 3e et 4e classe. Seuls les conseillers réels et ceux des deux premières classes sont courfæhig ; ceux des deux autres ne sont admis à la cour que lorsqu'ils reçoivent l'ordre de s'y rendre.

» Ainsi par exemple un sous-lieutenant a ses grandes entrées, par contre le directeur de la monnaie, le directeur de la banque, les vice-présidents et les directeurs des collèges provinciaux, les intendants militaires qui ne sont que Rath de 3e classe ne sont courfæhig qu'occasionnellement. Toujours en vertu du même règlement, les majors (chefs de bataillon ou d'escadrons) ont le pas sur les membres des Chambres

(Reichstag, Reichsrath, Landtag, etc., etc.) ; les généraux d'infanterie ou de cavalerie [1] ont le pas sur les ministres en exercice et sur les présidents des Chambres, etc., etc.

» Cela seul suffit pour mettre le corps d'officiers au premier rang. Mais le gouvernement ne s'en est pas arrêté là et lui a encore accordé une foule d'autres avantages et de distinctions. Ainsi par exemple, les honneurs militaires sont un privilège exclusif des militaires combattants ; de même ceux-ci ne peuvent être jugés que par leurs pairs, c'est-à-dire par les conseils de guerre, quelle que soit la nature du crime ou du délit commis par eux.

» Y a-t-il un pays, où le corps d'officiers ait une loi sur les retraites aussi bénigne [2] ?

» 1. Généraux commandant habituellement les corps d'armée.

« 2. Les retraites sont décomptées de la façon suivante. Chaque année de service ou chaque campagne donne droit à l'officier à 1/60 du traitement affecté au grade qu'il occupait au moment de sa mise à la retraite, sans toutefois que le taux de cette pension puisse dépasser les 45/60 du traitement d'activité.

» De plus tout officier peut demander sa retraite, à condition qu'il appuie sa demande d'un certificat délivré par un médecin et constatant qu'il n'est plus apte à faire un service actif.

» Il faut avoir au moins 16 ans de service pour avoir droit à une retraite. L'officier qui veut se faire pensionner au moment où il atteint cette ancienneté a droit alors aux 20/60 de son traitement d'activité. Ce qui revient à

» Jamais l'empereur ne retire sa haute protection à l'officier qui n'a pas failli à l'honneur. Que l'on vienne à destituer un officier pour donner satisfaction à l'opinion publique (cela arrive quelquefois, même en Allemagne), quelques mois après on voit réintégrer ce même officier dans son grade, mais dans un autre régiment. Quand cette solution n'est pas possible, on lui donne une bonne position dans l'une des administrations de l'État[1].

» Mais ce ne sont pas là les seuls avantages qui leur soient faits ; il y en a encore bien d'autres. Il a paru il y a quelques années un pamphlet dirigé contre les privilèges des officiers et qui a soulevé une très vive polémique en Allemagne[2]. Dans ce pamphlet, il est dit que certaines petites cours, probablement pour se donner un ton plus élégant, invitent les garnisons voisines à leurs

dire que les 10 premières années de service comptent double dans le décompte de la retraite. Ainsi par exemple : un officier ayant 36 ans de services a droit au maximum de la retraite, c'est-à-dire aux 45/60 de son traitement. A cet âge-là l'officier prussien est au moins major, il touche une solde de près de 8 000 francs, et a par conséquent droit à une retraite de près de 6 000 fr. Bien entendu les officiers blessés ou estropiés dans le service et qui n'ont pas encore 10 ans de service ont droit à une retraite.

» 1. Le député Richter a affirmé cela, preuves en mains, à la tribune du Reichstag et personne ne l'a démenti.

» 2. *Die Vorrechte der offiziere.*

bals, redoutes, etc., en un mot à toutes leurs fêtes, et qu'elles leur paient les frais de voyage, plus une indemnité. — Ce fait n'a été démenti par aucun de ceux qui ont répondu à ce pamphlet. Il faut avouer que ces cours sont d'une galanterie qui sent son XVIIIe siècle.

» Si nous abordons, d'une façon tout accessoire, un ordre d'idées plus terre à terre, nous voyons que les officiers ne sont assujettis au paiement des impôts communaux que depuis quelques mois à peine. Leurs casinos ne paient ni droits d'octroi ni droits de douane ; cela revient à dire que personne n'en paie.

» Si nous en venons enfin à la question de la solde, nous voyons que si les sous-lieutenants et les lieutenants de l'armée prussienne ou allemande ne sont pas plus riches que leurs camarades de l'armée autrichienne, voire même que leurs collègues de l'armée française, les capitaines, par contre, ont une position toute faite et que les grades supérieurs sont très bien rétribués.

» Les déménagements pour une cause ou pour une autre, qui font toujours la terreur des officiers des autres pays, sont très facilement acceptés en Allemagne, et cela se comprend du reste. Chaque officier qui est appelé à changer de résidence, touche en Allemagne une indemnité qui couvre largement, non seulement les frais de son déplacement à lui, mais encore de celui de toute sa famille et même de son ordonnance. Dans le même ordre d'idées, la loi allemande prescrit formellement que tout officier quittant le régiment ou la garnison n'a à payer que le loyer du trimestre en cours, qu'il ait signé un bail ou non.

» Tous ces détails peuvent paraître puérils à des personnes étrangères à l'armée, mais il n'en semblera pas de même pour ceux qui ont eu ou qui ont encore le coûteux honneur d'appartenir à l'armée.

» Pour résumer en peu de mots tout ce qui précède, nous dirons que l'État allemand fait à ses officiers des privilèges moraux, qu'il renforce au moyen de privilèges matériels [1]. »

Je me suis adressé à trois officiers de mes amis, leur demandant de me donner leur avis sur les privilèges qui leur sont faits. J'avais, bien entendu, joint à chaque lettre un exemplaire du livre cité plus haut. Je reproduis leurs réponses, qui sont typiques.

PREMIÈRE LETTRE

Mon cher ami,

Vous me demandez mon avis sur les privilèges des officiers français. A vous dire vrai, je n'en connais pas. Je vous remercie du volume; très intéressant, mais a le

1. *L'Officier allemand.*

tort de vous faire venir l'eau à la bouche. Je suppose que les officiers allemands n'auront jamais le toupet de se plaindre, car les rôles sont inversés maintenant, et c'est nous qui servons *pour le roi de Prusse.*

A vous.

***

P. S. Les officiers français marchent après les commissaires de police, en vertu du règlement sur les préséances.

DEUXIÈME LETTRE

Trop heureux de vous être agréable, mon très cher, je vous transmets ci-joint mes appréciations sur les privilèges des officiers français.

Bien à vous.

***

Privilèges des officiers français.

TROISIÈME LETTRE

Mon cher ami,

Voilà trente ans que je suis officier, et c'est la première fois aujourd'hui que l'on me parle de privilèges. Ne soyez donc pas étonné de me voir hors d'état de vous répondre longuement à ce sujet. En fait de privilèges, je n'en ai jamais connu qu'un : *nous ne faisons pas queue aux guichets des théâtres de Paris*[1]. En dehors de cela je n'en connais pas.

Désolé de ne pouvoir vous répondre plus longuement, je vous serre cordialement la main.

Votre

***

J'avoue que ces trois réponses m'interloquèrent fortement sur l'instant; mais je me dis, après un instant de réflexion, que nos officiers devaient avoir une compensation sous le rapport du bien-être matériel. Quelle n'était pas mon erreur!

J'étais parvenu à me procurer des renseignements sur les prestations des officiers français; d'autre part, le livre précité m'apprenait tout ce que j'avais besoin de savoir sur l'armée allemande. Je me mis à faire des comparaisons et je vis que tous les avantages étaient une fois de plus du côté des Allemands.

Voici du reste un tableau que j'ai dressé pour mieux faire comprendre la chose.

1. Et encore ce privilège nous est commun avec les emmes grosses.

FRANCE			ALLEMAGNE							OBSERVATIONS
GRADES	Solde[1] par an	Indemnités de service	GRADES	Solde par an	Indemnités de service	Servis 1re classe	Indem. de log. 1re classe	Frais d'écurie	TOTAUX	
				fr.	fr.	fr.	fr.	fr.	fr.	
Maréchal de France	29520		Gén. Feld-maréchal							Je n'ai pas compris dans tous ces calculs, les frais de bureau, les rations de fourrages remboursables aux officiers. le Tischgeld des lieutenants et sous-lieutenants.
Général de division C'un corps d'armée	19440	16680	Gén. comm. un corps d'armée	15000	22500	2180	1125	440	F. 36120 A. 41245	
Général de division	19440	8046	Gén. de division	15000	5625	1890	1125	360	F. 27486 A. 23980	
Général de brigade	12960	3294	Gén. de brigade	11250	1125	1530	1125	270	F. 16254 A. 15300	
Colonel	8892	2232	Colonel	975		1165	900	270	F. 11124 A. 12085	
Lieut. colonel	7308	....	Lieut. colonel							N. B. J'ai pris comme moyenne la 1re cl. du servis, moyenne qui est plutôt inférieure.
Chef d'escadrons	6156	....	Chef de bataillon ou d'escadrons	6750		877,50	675	225	F. 6156. A. 852750	
Capitaine de 1re cl.	3708	....	Capitaine de 1re cl.	4500		877,50	675	225	F. 3708 A. 6277,50	
Capitaine de 2e cl.	3312	....	Capitaine de 2e cl.	2700					F. 3312 A. 4477,50	
Lieutenant en 1er.	2628	....	1er lieutenant	1350		502,50	300	180	F. 2628 A. 2392,50	F. Français. A. Allemands.
Lieutenant en 2e ou sous-lieutenant.	2443	....	Second-lieutenant	1125					F. 2448 A. 2167	

1. J'ai pris pour la solde le tarif des armes spéciales et de l'état-major en France, de façon à mieux faire sentir les différences.

Je ne veux pas abuser de ces comparaisons, qui deviendraient fastidieuses pour le lecteur [1], d'autant plus qu'il ne doit guère comprendre où je veux en venir. Mais ceci un peu plus tard.

Je dirai encore un mot des indemnités de déménagement, des casinos et je tirerai mes conclusions.

Je prends l'exemple du capitaine allemand (marié) envoyé de Paris à Marseille.

« La distance de Paris à Marseille étant de 863 kilomètres, il aurait droit :

» 1° Pour lui :

A 3 journées de route (à 11.25) ci	33.75
plus 1.25 × 115 milles (de 7 km 500)	143.75

» 2° Pour sa famille à :

L'indemnité fixe de 375 francs, ci	375.00
plus 86, 3 × 10 francs, ci	863.00
Total	1445.50

» Il aurait droit à une indemnité totale de 1 445 francs 50. »

Voyons à quoi aurait droit un capitaine français marié.

1. Pour tous autres renseignements sur la solde, etc., etc. des officiers allemands, je renvoie le lecteur à l'intéressant ouvrage de cet officier d'infanterie.

Il recevrait :

1° Indemnité fixe de transport de bagages,	ci	5.00
2° 3 journées de route à 3 francs	ci	9.00
3° L'indemnité kilométrique de chemin de fer, (à raison de 0 fr, 031 par kilomètre) soit : 863 × 0,031, .	ci	26.75
	Total	40.75

Donc un capitaine français ayant à faire un déménagement dans les mêmes conditions touche *40 fr. 75* centimes, c'est-à-dire, 35 FOIS MOINS QU'UN CAPITAINE PRUSSIEN !!

Je n'insiste pas.

Un mot à propos des casinos. En Allemagne il y en a un dans chaque garnison [1], en France le conseil municipal de Paris refuse une subvention de 10 000 francs (dix mille francs) au Cercle militaire. Il n'y a pas à discuter, c'est un fait.

Il ne me reste plus qu'à tirer des conclusions, chose très facile.

L'officier allemand est comblé de privilèges, de faveurs de toutes sortes ; il occupe le premier rang dans la société, il a des appointements magnifiques. L'officier français au contraire n'occupe pas le premier rang dans la société, il est mal payé, et malgré cela il fait consciencieusement son devoir, donnant l'exemple de la plus

1. Ce qui impose une assez lourde charge à l'Etat.

haute abnégation. Eh bien, voyons, M. Celticus, en conscience, quel est le plus digne des deux? Lequel des deux a le plus de mérite? Vous ne répondrez pas à ma question, car vous êtes trop Allemand pour cela.

Je lisais encore, l'autre jour, une lettre d'un officier allemand et j'y trouvais ce passage : « Le fond du caractère des Français, c'est la vanité. » Allons donc! est-il possible de trouver sur terre quelque chose de plus bouffi d'orgueil que vous autres Allemands?

J'ai assez vécu chez vous pour les connaître, vos officiers. Tout le monde les admire, tout le monde les respecte, mais qui donc? dites-moi, qui les recherche? A part quelques épiciers, retirés avec le titre de Commercienrath, et qui crèvent d'envie de faire une position à leurs filles (tout en sachant qu'ils auront à payer les dettes de leurs gendres), qui les recherche donc, vos officiers?

Avec leurs manières insolentes et leur langage prétentieux ils sont la terreur de tout le monde (et la risée à huis clos). Ignorez-vous donc, Monsieur Celticus, que très peu de civils osent s'aventurer dans les restaurants (Restauration) ou brasseries que fréquentent die Herren offiziere. (Et pourtant vous êtes braves, vous autres Allemands!)

Une brochure parue, il n'y a que très peu de temps, « *Die Stellung der Offiziere gegenüber den Studenten* » et une autre intitulée : « *Das Duell und die Offiziere* » nous montrent bien la position que vos officiers occupent vis-à-vis des civils.

Ou bien ils ont affaire à de bons bourgeois, qui font dans leurs culottes au premier regard torve du Herr offizier; ou bien c'est à des étudiants qu'ils s'en prennent. Alors la situation change. Ces derniers, qui ne craignent pas de se lancer dans un duel, vont de l'avant et ne pardonnent rien aux officiers.

Quelques petits exemples empruntés aux deux brochures, fixeront les idées du lecteur :

« Un lieutenant[1] appelle « âne » un étudiant qui faisait son volontariat dans sa compagnie; de temps à autre il le gratifie de quelque parole flatteuse du même genre. L'étudiant, une fois son année terminée, demande une réparation à son insulteur; celui-ci la refuse, disant : qu'au moment où il lui avait dit ces amabilités, il avait affaire au volontaire B et non à l'étudiant B. Mais cela ne faisait pas l'affaire de l'insulté, qui écrivit au lieutenant pour lui dire qu'il lui renvoyait l'épithète « d'âne » dont il n'avait que faire. En présence de cette provocation directe l'officier ne put faire autrement que d'accepter le cartel et de se battre.

1. *Die Stellung der Offiziere gegenüber den Studenten*, pages 19, 20.

» L'étudiant en droit F[1] avait terminé son volontariat, sans avoir obtenu le certificat d'aptitude au grade de sous-lieutenant de réserve. A tort ou à raison il croyait devoir en attribuer la cause à son lieutenant. L'ayant rencontré un jour dans la rue, il le bouscula, il en résulta une rencontre au pistolet d'où le lieutenant sortit avec une balle dans le bas-ventre. »

« Bien des officiers, même d'un âge mûr, n'aiment pas être nommés dans les villes d'université, parce qu'ils craignent des conflits avec les étudiants. »

Parbleu! ils sont prudents. Ils préfèrent rester dans une petite ville où tout le monde accepte respectueusement leurs grossièretés, grossièretés qui sont toujours en raison inverse de la position sociale de la personne à laquelle ils ont affaire. Que dites-vous, M. Celticus, de ce colonel prussien qui, rencontrant sur son chemin un porcher accompagné de ses élèves, et trouvant que ce précepteur primitif ne faisait pas ranger son monde assez vite, se mit à le charger (homme et bêtes) et tua je ne sais combien de ces animaux chers à Monselet?

Que dites-vous de l'officier auquel arriva l'histoire suivante?

Un jeune étudiant avait eu le malheur, dans un bal, de marcher sur le pied d'un officier de

1. *Die Stellung der Offiziere gegenüber den Studenten*, page 21.

cavalerie de la garde; sans lui donner le temps de s'excuser, celui-ci l'apostropha dans ces termes : « Tâche de regarder devant toi, maroufle ! » L'étudiant lui envoya un cartel, auquel l'officier répondit d'une façon encore plus insultante : « Où ce monsieur a-t-il donc la tête ? je n'ai pas l'habitude de me battre avec des gamins. » Voyant cela, l'étudiant changea ses batteries. Il arrêta un jour au milieu de la rue l'officier qui revenait de la parade, et lui demanda s'il ne voulait toujours pas se battre. La réponse fut : « Laissez-moi passer ou je vous fais empoigner. » En un clin d'œil l'étudiant brandit une cravache qu'il avait tenue cachée jusque-là et en cingla son ennemi, puis il disparut avant que celui-ci eût pu se venger. Tout officier allemand qui est insulté étant obligé de se battre, il envoya ses témoins à l'étudiant; mais celui-ci intervertit les rôles à son tour et répondit qu'il n'avait plus besoin de se battre puisqu'il s'était vengé lui-même. Les amis, les camarades, même le vieux père de l'officier, un général bien connu, vinrent le supplier d'accorder la réparation; il s'obstina dans son refus. Finalement l'officier se brûla la cervelle. Bien des Allemands ont trouvé barbare la conduite de l'étudiant. Eh bien, non ! il a eu raison, cent mille fois raison. Mais l'exemple n'a pas profité. Vous rencontrez encore bien des gens de la force de cet officier de cavalerie.

Vous aurez beau dire, M. Celticus, vous qui jugez d'après une seule personne, vous ne verrez jamais rien de pareil dans l'armée française.

Je me résumerai donc de la façon suivante :

L'officier allemand est un excellent instructeur pour ses soldats, il est très beau au feu, il est dévoué corps et âme à son souverain. En dehors du service, c'est l'être le plus insupportable que l'on puisse imaginer; insolent avec les femmes comme avec les hommes, prétentieux, poseur, fade dans son langage, il constitue une apparition surprenante au XIXe siècle.

Le jour où le sort des armes lui sera défavorable, il en sera de lui comme d'un ballon crevé, il n'en sortira que du vent.

C'est Voltaire qui se dépêcherait, s'il pouvait revenir sur cette terre, de biffer les quatre vers, qu'il consacra dans un jour de lyrisme aux officiers prussiens :

> Aimer son roi, la gloire et la patrie,
> *Sacrifier son bien, sa santé* et sa vie,
> *Tourmenté par des fous, chicané pour un rien,*
> Voilà le vrai portrait d'un officier prussien.

Au dernier moment je reçois la brochure intitulée : *die Vorrechte der Offiziere im Staat und in der Gesellschaft*, et à laquelle il est fait plusieurs fois allusion dans l'*Officier allemand*. Je ne veux pas m'inspirer de ce pamphlet pour remanier ma réponse à Celticus, je me contenterai donc d'en faire quelques extraits, dont le lecteur français fera certainement son profit.

« Nous ne comprenons pas trop M. Von der Goltz, quand il vient nous parler de l'abnégation de l'officier; car tout le monde est d'accord pour dire que personne ne recherche les plaisirs autant que lui. Cette assertion est au moins aussi étrange que celle du ministre de la guerre Bronsart von Schellendorf disant, au Reichstag, que les officiers mènent une existence irréprochable sous tous les rapports. Est-ce que, par hasard, la conduite de ces messieurs serait plus digne que celle de nos ecclésiastiques, de nos professeurs, instituteurs, etc., etc.? Ne seraient-ce donc que d'infâmes calomniateurs, ceux qui prétendent (c'est-à-dire tout le monde) que dans aucune autre carrière que celle d'officier on ne s'adonne avec autant d'ardeur au jeu, aux plaisirs de la table, au jus de la treille, à la blonde ou à la brune liqueur de Gambrinus, et à certaines autres passions dites nobles? Nous ne pouvons comprendre que M. le Ministre de la guerre dise des choses en contradiction aussi flagrante avec la vérité. »

« Tous ces privilèges n'ont donc pas la moindre raison d'être; et en voyant l'acharnement avec lequel les officiers y tiennent, on est tenté de croire que ceux-ci ne veulent pas faire comme les autres fonctionnaires. On en arrive à penser qu'ils ne servent pas l'État par dévoue-

7

ment, par amour du devoir, qu'ils ont besoin, pour faire consciencieusement leur devoir, de distinctions, d'honneurs, de privilèges destinés à satisfaire leur vanité. »

« Étant donnée cette adoration exagérée de la presse pour l'élément militaire, nous nous expliquons très facilement la tranquillité avec laquelle tout le monde accepte chez nous les bruits de guerre. Autrefois l'idée seule d'une guerre effrayait tout le monde; et des politiciens entendus la croyaient impossible à l'avenir. Aujourd'hui tout le monde est familiarisé avec cette idée, la presse en parle avec le plus grand calme ; les anciens Romains n'allaient certainement pas avec plus d'insouciance que nous à cette boucherie. Les guerres de 1864, 1866 et 1870 nous y ont habitués, *peut-être aussi la victoire nous a-t-elle gâtés ?*

» Il est bon qu'un peuple n'ait pas d'appréhension à l'entrée d'une guerre, mais il nous semble que la presse pourrait néanmoins avoir un langage un peu plus modéré et une attitude un plus plus digne, car elle pourrait faire ressortir, un peu plus, les horreurs que celle-là entraîne. Il est également bon que la presse rende un juste hommage aux qualités remarquables de notre armée et de notre corps d'officiers, mais il ne faut pas qu'elle oublie le μηδεν αγαν, sans quoi elle risque de se montrer injuste à l'égard des autres fonctionnaires et d'être complice de la présomption exagérée des officiers.

» Mais en dehors de l'État et de la presse, toute la population civile s'efforce de faire des priviléges aux officiers. Nous sommes embarrassés pour commencer nos citations à ce sujet. Les garçons de café parlent aux officiers autrement qu'aux civils : Monsieur le capitaine désire-t-il ou ordonne-t-il ? Les employés des chemins de fer trouvent toujours de bonnes places pour messieurs les officiers, des compartiments vides, au détriment des autres voyageurs.

» Les fonctionnaires civils de l'ordre le plus élevé sont pleins de prévenances pour eux, les dames n'ont de grâces que pour eux, le commerçant les appelle toujours : très bien nés, et il se garde bien de traiter de même les fonctionnaires civils. Un bourgeois, très bien élevé, n'a-t-il pas eu, un jour, la bêtise de me demander si le président d'un tribunal de première instance avait droit au titre de : très bien né (que lui-même donnait à un lieutenant âgé de 19 ans) !

» Tous, riches ou pauvres, s'efforcent de distinguer l'officier. Le plupart des gens le font involontairement; d'autres se rendent bien compte que ces privilèges ne sont pas mérités, et se proposent de changer de manière d'agir, mais à peine se trouvent-ils en présence d'officiers, qu'ils oublient toutes leurs bonnes résolutions.....

» On s'incline bien plus devant un officier que devant un civil: de nombreux bourgeois très considérés et plus âgés saluent les officiers les premiers, les mauvaises langues prétendent que ces derniers sont loin de voir cela d'un mauvais œil. Personne n'oublie jamais de donner à l'officier son titre; beaucoup de gens, au contraire, se dispensent d'employer cette formule de politesse en parlant à des fonctionnaires civils.

» Un officier est qualifié de « charmant », du moment qu'il est poli, convenable et prévenant, comme doivent l'être les civils; il n'y a aucune raison de le traiter de « charmant » pour cela. S'il est, au contraire, présomptueux et arrogant (ce que l'on ne se gênera pas pour dire d'un civil), tout le monde dira: « qu'il n'a précisément rien de bien sympathique, mais que tous ces messieurs sont comme cela, parce qu'ils se figurent être des personnages à part.

» Tous ces privilèges ont l'inconvénient de faire croire aux officiers qu'ils sont des êtres à part et de léser beaucoup de gens, possédant des connaissances bien plus étendues que ceux-là.

» L'esprit de corps exerce aussi une grande influence, car tous prennent fait et cause pour celui des leurs qui a été l'objet d'un manque de convenances. Les civils et principalement les commerçants craignent de s'aliéner tout le corps d'officiers, en manquant à l'un de ses membres, mais l'officier ne doit pas grandement tirer vanité de cet esprit de corps, *car celui-ci ne repose généralement que sur des prescriptions ou des ordres donnés par l'autorité supérieure* [1]. Car il n'y a pas d'erreur possible : les chefs ont le droit de décider que les officiers mangeront en commun, de leur permettre de fréquenter tel ou tel lieu public, de leur défendre l'accès de tel ou tel autre, de les engager à voir telle famille et à éviter telle autre.

» Aucun chef de service civil ne possède une autorité pareille sur ses subordonnés ; c'est pour cela aussi qu'il est impossible de créer et de maintenir un esprit de corps quelconque parmi les fonctionnaires. »

Mais voilà suffisamment d'extraits ; le lecteur est à même de tirer ses conclusions. Je regrette que l'auteur de cette brochure, qui a eu le courage (rare chez les Allemands) de dire sans ambages sa façon de penser, n'ait pas eu également celui de mettre sa signature au bas de ses *Vorrechte*.

Au fait! il a peut-être eu raison de s'abstenir : de cette manière-là il est au moins sûr de pouvoir boire, tranquillement et pendant de longues années encore, son bock (bien mérité, car il doit avoir eu chaud en écrivant).

1. Eh mais ! il me semble que nous sommes passablement d'accord avec l'Allemand qui a eu le courage de livrer son opinion sincère à la publicité.

Les officiers allemands, qui sont aussi tolérants que peu prétentieux, appelaient poétiquement ce pauvre petit pamphlet, une : Schweineschrift (brochure de c... ompagnon de saint Antoine), et ils auraient probablement coupé les oreilles à ce pauvre auteur anonyme [1].

1. A moins que les anonymes ne soient dépourvus d'oreilles et qu'ils se contentent simplement d'avoir celle du public. Encore possible !

IV

LES OFFICIERS
DE RÉSERVE ET DE LANDWEHR

IV

LES OFFICIERS DE RÉSERVE ET DE LANDWEHR

Passant au chapitre des officiers de réserve français et de leurs camarades de l'armée territoriale, Celticus avance de nouveau une série de faits plus erronés les uns que les autres.

« Encore aujourd'hui un grand nombre d'officiers de l'armée active sont sérieusement opposés à l'institution des officiers de réserve et de territoriale. (Ceux-ci correspondent à peu près à nos officiers de réserve et de landwehr.) Ils disent que le plus mauvais officier de l'armée active vaut mieux qu'un officier de réserve. Ce n'est pas seulement l'opinion des vieux, elle est aussi partagée par les jeunes, qui ne servent que depuis que la République existe en France. »

«..... Le corps d'officiers de la réserve et de la territoriale, en France, se compose des anciens volontaires d'un an, des démissionnaires et même de ceux qui ont obtenu leur retraite pour ancienneté de services..... Il faut remarquer que, parmi les démissionnaires se trouvent beaucoup d'officiers qui ont été *obligés* de quitter le service, pour éviter leur *mise en réforme*. Ceux-ci aussi passent, avec leur grade, dans la réserve ou la territoriale; or l'avancement étant plus rapide dans l'armée de 2e ligne, il peut se faire que ces démissionnaires passent beaucoup plus vite que leurs camarades de l'armée active au grade supérieur, et deviennent les chefs de ces derniers en temps de guerre. »

«..... Tout ce que je puis dire, c'est que la composition du corps d'officiers de la réserve et de la territoriale est loin d'être remarquable. Il ne peut aucunement soutenir la comparaison avec celui de l'armée allemande, et il est probable qu'il ne réussira pas à former un tout avec le corps d'officiers de l'armée active. »

Je ne crois pas utile de pousser mes citations plus loin. Les quelques extraits qui précèdent suffisent, je pense, pour donner au lecteur une idée exacte de la *compétence* et de la *bonne foi* de Celticus; quant à l'exactitude de ses renseignements, je n'en parlérai même pas. Celticus aura beau faire dire à la *Gazette de Cologne* (critique littéraire du 16 ou du 17 décembre 1887) que son livre ne renferme que des données absolument sûres, il ne nous convaincra aucunement.

Je me proposais d'examiner ici le chapitre que l'officier d'infanterie consacre dans son ouvrage aux officiers de réserve, mais il me tombe sous la main un numéro de l'Allgemeine Militær Zeitung [1], où il est question des officiers de réserve allemands. Je crois que l'on trouverait difficilement une réponse plus victorieuse aux objections de Celticus, que celle que donne le journal militaire allemand. Je vais donc le reproduire intégralement :

« La presse militaire s'occupe depuis quelque temps déjà de la question suivante que les journaux politiques reprennent également en ce moment : « Nos officiers de réserve et de landwehr sont-ils bien à la hauteur de leur mission ? »

» Il ne faut pas méconnaître que les troupes ainsi que les officiers ont des devoirs bien plus difficiles à remplir qu'autrefois, et que la moyenne de l'instruction des officiers de réserve et de landwehr est restée stationnaire. On s'est bien souvent plaint, dans les cercles militaires, de leur insuffisance, et ces plaintes n'ont fait que croître d'intensité.

» Les obligations des chefs, en temps de guerre, sont absolument les mêmes pour les officiers de réserve que pour leurs camarades de l'armée active. »

A la suite de cela vient une citation tirée de la *Nation armée* du lieutenant-colonel von der Goltz et qu'il est inutile de reproduire ici.

1. *Die Reserve und Landwehr Offiziere* (R.). Allgemeine Militaer Zeitung du 2 septembre 1887, pages 556 et 557.

« Au cas d'une nouvelle guerre entre la France et l'Allemagne, nos officiers de réserve et de landwehr auront à déployer les qualités dont ils ont déjà fait preuve pendant la dernière guerre. La France a élevé une innombrable quantité de forteresses et de forts d'arrêts sur sa nouvelle frontière et même à l'intérieur du pays; cela nous fait donc prévoir une longue guerre de sièges, dont sera probablement chargée notre landwehr.....

» Il s'agit donc de savoir si, dans l'état actuel des choses, l'officier de réserve allemand possède les connaissances et les capacités nécessaires pour pouvoir s'acquitter avec succès de cette mission. A-t-il eu pendant le temps de paix assez d'occasions de s'exercer et de s'instruire ?

» En temps de guerre le soldat est exposé à des surprises souvent bien grandes. Il est impossible de l'y préparer; l'expérience de la guerre ne peut être acquise que par la pratique.

» En admettant que la période de paix, qui règne depuis seize ans, continue pendant quelques années encore, l'armée allemande ne possédera bientôt plus qu'un nombre tout à fait minime d'officiers de réserve ayant fait campagne. Il n'en était pas de même en 1870. Un nombre considérable d'officiers de réserve et de landwehr avaient déjà eu l'occasion de se familiariser avec la guerre en 1864 et 1866. Ils avaient pris part à des batailles et à des sièges. Mais ces officiers commencent à disparaître, et il faut que l'on songe à réparer ces pertes par tous les moyens possibles. On nous objectera, avec raison, que les jeunes officiers de l'armée active, qui n'ont jamais fait campagne, se trouvent au même point que leurs camarades de la réserve et de la landwehr. Mais nous répondrons à cela que ceux-là se trouvent continuellement au contact de vieux officiers qui ont l'expérience de la guerre, et que de plus ils consacrent tout leur temps à l'étude, de façon à pouvoir compenser, au cas échéant, leur manque de pratique. Ils ont pour cela l'étude proprement dite, le Kriegsspiel, les travaux d'art militaire, etc., etc. ; et on est en droit de supposer que tout cela leur profite bien plus qu'aux officiers de réserve et de landwehr. . . . .

. . . .

. . . .

» Il y a évidemment par-ci par-là des exceptions dans un sens ou dans l'autre, mais ce ne sont jamais que des exceptions très rares qui confirment la règle. *L'oncle de la réserve* [1] (Reserve-onkel) *ne se montre généralement guère habile dans le service pratique; il donne énormément de mal aux officiers de l'armée active qui sont chargés de faire son instruction, et n'arrive, au bout de tout cela, qu'à donner bien*

1. C'est ainsi que les soldats allemands appellent les officiers de réserve.

rarement un ordre exact; quant au service en campagne et aux parties du service où il doit faire preuve d'initiative, il ne lui arrive presque jamais d'y exécuter d'une façon rationnelle les ordres qu'il a reçus..... L'incapacité de nos officiers de réserve est notoire, elle est reconnue dans tous les corps de l'armée allemande, on la considère maintenant comme un mal nécessaire.

» C'est un fait, il n'y a pas à aller contre ; et il faut la reconnaître avant de s'occuper d'y remédier. . . . .

. . . .

» Il y a bien de temps à autre des réunions d'officiers de réserve et de landwehr, mais elles n'ont pour but que de resserrer entre eux les liens de camaraderie et de société; il vaudrait mieux les rendre plus fréquentes et les consacrer à l'étude..... »

Et voilà ! Je n'ai fait que traduire litéralement l'article de la Allgemeine Militær Zeitung, sans y ajouter la moindre réflexion. Celticus dit que les officiers de notre armée de seconde ligne ne valent rien, je lui réponds par une citation tirée d'une source allemande, au moins aussi compétente que lui, en matière militaire, et je lui prouve que les officiers de réserve et de landwehr, ses compatriotes, non seulement ne savent rien, mais sont encore une cause d'ennui pour ceux de l'armée active.

Pourquoi supporte-t-on ce mal nécessaire en Allemagne? Je vais de nouveau faire un emprunt à l'officier allemand, pour répondre à cette question, toutefois je me dépêche de dire que je reproduis les conclusions de l'auteur de ce livre mais que les miennes en seront absolument différentes.

» Les officiers de réserve et de landwehr jouissent absolument des mêmes privilèges que leurs camarades de l'armée active [1]. Étant donnée la prédilection caractéristique des Allemands pour les honneurs et les titres, il n'est pas étonnant que le recrutement des officiers de leur armée de deuxième ligne soit facile et satisfaisant. Mais il y a autre chose qui est fait pour étonner :

» On serait tenté de croire que l'institution de ces officiers aurait pu apporter une modification quelconque dans la manière de voir,dans la manière d'agir dans la manière de penser des officiers de l'armée active. On aurait pu croire que ces hommes,militaires d'occasion, habitués à vivre dans un milieu aux idées larges, infuseraient, pendant leur court temps de service, quelques idées libérales, non pas subversives, à leurs camarades de l'armée active.

» Il n'en est rien !

1. Les officiers de réserve et de landwehr allemands peuvent se mettre en tenue quand il leur plaît.

» Loin de faire quoi que ce soit dans ce sens, ils ont au contraire subi l'influence des officiers de l'armée active, et se sont laissé inféoder à leurs idées. Il faut dire qu'il leur serait difficile d'agir autrement, car, au moindre écart de langage, au moindre geste suspect, ils seraient écartés de l'armée.

» Il ne manque pas d'exemples à l'appui de ce que nous avançons là. Ainsi, par exemple: l'avocat K..., de Berlin, a été destitué, il y a quelques années, de son grade d'officier de réserve, pour avoir fait une propagande progressiste [1] très énergique. Nous citerons Monsieur M..., actuellement député protestationniste de l'Alsace au Reichstag, qui fut prié de donner sa démission, parce qu'il était rédacteur en chef d'un journal trop libéral. Pour clore mes citations, je trouve encore le fait suivant dans un journal allemand de la 2e quinzaine de juin: « Le major Hinze (Major . a . D.) ex-député progressiste au Reichstag, qui servait, avant sa mise à la retraite, au 1er régiment hessois n° 81, vient d'être jugé par le tribunal d'honneur de ce régiment. Ce tribunal a rendu un jugement portant que le major Hinze est déchu du droit de porter l'uniforme et le titre d'officier. » Tout cela parce qu'il est progressiste !

» J'ai dit que cette citation était la dernière, je

1. Libérale.

m'arrête donc, quoiqu'il me reste encore un grand nombre d'exemples que j'aurais pu citer à l'appui de ma thèse.

» En épurant de la sorte et en attirant à lui les officiers de réserve et de landwehr, par l'appât des privilèges, le corps d'officiers s'est adjoint des auxiliaires puissants, qui étendent à l'élément civil l'influence qu'eux-mêmes exercent sur leurs soldats.

» Car, il n'y a pas à se le dissimuler, tous ces officiers de réserve mettent leur titre militaire au-dessus de celui qu'ils portent dans la vie civile ordinaire. Ils transportent leurs idées dans leur propre milieu, c'est-à-dire que, s'ils ont le choix entre deux manières d'agir : l'une qui soit conforme à la position qu'ils occupent dans l'élément civil et l'autre qui soit plus en rapport avec leur situation militaire, c'est toujours pour cette dernière qu'ils opteront, au risque de faire croire qu'ils ont agi de la sorte par intimidation. — Il est très naturel que l'officier de réserve, qui n'est militaire que d'une façon occasionnelle, cherche à faire aimer l'armée dans les cercles civils qui forment sa fréquentation habituelle, mais ce n'est pas le cas en Allemagne. Dans le pays qui nous occupe les officiers de la réserve et de la landwehr sont des admirateurs convaincus de l'armée, d'autant plus convaincus qu'ils la connaissent plus superficiellement ; mais il y a, ou plutôt il devrait pourtant y avoir une

8

limite à cette admiration qui tourne absolument au fétichisme.

» Il ne serait cependant pas prudent de s'engager dans une dissertation à ce sujet, car il se présente une question d'ordre psychologique que l'on pourrait résumer ainsi : « L'officier de réserve et de landwehr allemand est-il si fanatique de son métier, par conviction, par amour de cette profession, ou simplement par suite de la fascination que les privilèges et les honneurs, dont les officiers sont comblés, exercent sur eux [1] ? »

» Encore une fois l'officier de réserve allemand sacrifie le plus souvent la considération dont il pourrait être l'objet en raison de sa position de fortune ou de la situation qu'il occupe dans les affaires ou dans une administration quelconque de l'État, à celle qui est attachée au titre d'officier.

» Les exemples de ce que j'avance foisonnent. En voilà un premier : M. X..., second-lieutenant de la réserve et professeur libre à l'université de Y..., a l'honneur de vous faire part de son mariage avec Mlle Z... Le titre de sous-lieu-

1. Si j'écrivais un pamphlet au lieu d'une simple étude, je pourrais me livrer à toutes sortes de considérations sur ce sujet; la première qui se présenterait à mon esprit serait certainement celle-ci : « Puisque ces officiers de réserve sont si fanatiques de leur métier, pourquoi ne sont-ils pas restés dans l'armée active ? » etc., etc.

tenant est en vedette, et pourtant la fonction civile de ce M. X... est bien plus importante que sa fonction militaire.

» Ce fait n'aurait pas d'importance s'il concernait un rentier ou un commerçant, car pour les personnes de ces deux catégories le titre de sous-lieutenant de réserve fait toujours mieux que celui de marchand de denrées coloniales ou de fabricant de tiges piquées. Mais il n'en est plus du tout de même, quand il s'applique à un homme occupant une position relativement élevée dans la hiérarchie civile (littéraire ou scientifique, voire même administrative).

» Je m'arrête dans mes exemples, aussi bien un seul suffit pour démontrer que l'officier de l'armée active exerce une grande influence sur son camarade de la réserve ; mais ce n'est pas tout, car celui-ci à son tour vulgarise les idées qu'on lui a inculquées au régiment, et son champ d'action est très large, beaucoup plus large que dans n'importe quel autre pays.

» A quoi cela tient-il ?

» A plusieurs causes : 1° à la manière dont il est recruté; 2° à la loi du recrutement elle-même. Je m'explique.

» L'officier de réserve et l'officier de landwehr sont soumis, pour être nommés à leur grade, à un triage analogue à celui qui est imposé aux officiers de l'armée active ; ils appartiennent aux meilleures classes de la société par leur honorabilité, par celle de leur famille [1], et aussi par leur intelligence, leur instruction et leur éducation. Ils font partie de ce qui constitue, dans d'autres pays, ce que l'on est convenu d'appeler la classe dirigeante.

» D'autre part, les gouvernants prussiens qui sont les auteurs de la loi qui régit actuellement le recrutement de l'armée, ont eu soin d'astreindre au service militaire, sous une forme ou sous une autre, tous les jeunes gens, même les candidats en théologie et les professeurs de l'Université. Cette loi, telle qu'elle est, est appliquée depuis longtemps déjà, et l'on n'a pas constaté que le niveau intellectuel de l'Allemagne ait baissé à la suite. Par contre, cette institution a porté des fruits considérables, et c'est facile à comprendre.

» Le grand propriétaire qui est officier de réserve agit, sinon matériellement, du moins moralement sur ses fermiers; l'industriel agira de même sur ses ouvriers; le professeur agira

» 1. Il faut que la famille ait une position honorable, mais qui soit aussi en relief. J'ai vu un jeune homme, Alsacien, dont le père n'avait pas opté, ce qui l'avait obligé à faire son volontariat d'un an en Allemagne. Ce jeune homme ayant manifesté plus tard le désir de passer son examen d'officier de réserve, le conseil du régiment lui en refusa l'autorisation, parce que son père (actuellement un gros rentier) avait été autrefois peintre décorateur.

sur ses élèves et c'est peut-être lui qui rendra le plus de services, car ces jeunes gens à leur tour, une fois devenus hommes, se rappelleront les préceptes de leurs maîtres et les répandront dans leur sphère d'action.

» Il y a une chose que l'on ne sait peut-être pas en France, c'est qu'un nombre immense de professeurs de l'Université et des gymnases sont officiers de réserve. La magistrature, les administrations civiles fournissent aussi beaucoup d'officiers de réserve et de landwehr. Et puis quand il se glisse par hasard une brebis galeuse dans la société, elle n'y reste pas longtemps.

» Une chose qui frappe et sur laquelle je reviens encore une fois, c'est l'empressement que tous mettent à sacrifier leur position civile à leur grade dans l'armée, chaque fois que l'occasion s'en présente. Voici un passage caractéristique d'un pamphlet dirigé contre les officiers allemands, passage qui fait précisément ressortir ce que je dis un peu plus haut :

« Est-il admissible que des hommes qui, par » leur profession même, sont des fonctionnaires » civils, est-il possible que des juges, qui toute » l'année durant rendent la justice au nom du » Roi, aillent se costumer en soldats à l'occasion » de l'anniversaire de naissance du Roi, et tout » cela pour mieux honorer ce dernier? — Il me » semble qu'il y a dans ce fait la preuve évidente

» d'un mépris marqué pour les fonctions civiles » en général. Ces messieurs ne sentent-ils peut-» être pas la portée de leurs actes ?

» Voici ce qui s'est passé, il y a quelques » années, dans une grande ville de province. Le » président de la Cour, invité à un grand dîner » officiel donné à l'occasion de l'anniversaire de » l'Empereur, fut tout étonné de ne voir auprès » de lui qu'un très petit nombre de ses référen-» daires, de ses assesseurs, voire même de ses » juges; mais son étonnement ne fut pas de » longue durée, car, au bout d'un instant, il vit » tous ceux qu'il croyait absents au milieu des » officiers à un autre bout de la table. Or, ces » déserteurs étaient tous officiers de réserve ou » de landwehr. Ce n'est pas là un cas isolé.

» Le fait que je viens de citer se reproduit » souvent ; tantôt les officiers de réserve le font » volontairement, très fréquemment aussi ils » ne font que se conformer à un ordre ou à un » souhait (en Prusse ces deux mots sont syno-» nymes) de l'autorité militaire [1]. »

» Je m'arrête, car cette brochure ou plutôt ce pamphlet a des allures tellement haineuses, que l'on risquerait de tomber dans l'exagération, en ne s'en tenant qu'à lui. Je trouve toutefois encore un passage qui me semble donnerla note juste :

» 1. *Die Vorrechte der offizere im Staate und in der Gesellschaft*. Berlin, 1883.

« Étant donnés les procédés que l'on a em-
» ployés à l'égard de l'avocat Kauffmann (destitué
» de son grade d'officier de réserve pour avoir fait
» une propagande progressiste très énergique),
» on peut dire qu'à l'avenir aucun officier de ré-
» serve, réellement libéral, ne pourra plus pren-
» dre d'attitude politique indépendante, sans
» s'exposer à des désagréments. Et comme peu
» d'individus sont disposés à souffrir pour leurs
» opinions politiques, la plupart des officiers de
» réserve se tiendront complètement à l'écart
» de la vie politique, ou bien ils cacheront leurs
» véritables opinions. »

» Je ne pense pas qu'il y ait quelque chose à ajouter à cette citation ; l'auteur de cette brochure est certainement un adversaire fanatique du parti militaire, mais c'est incontestablement un homme intelligent et qui a beaucoup pratiqué le monde dont il parle.

» En résumé, les officiers de la réserve et de la landwehr sont les agents actifs de la propagation des idées du corps d'officiers de l'armée active, et ils remplissent leur rôle consciencieusement. »

Parfaitement, les officiers de la réserve et de la landwehr sont ce que dit l'auteur de l'*Officier allemand*. Mais cet officier français n'a pas tout dit, voulant probablement se montrer plus modéré, dans ses appréciations, que ne l'ont été jusqu'à présent les différents écrivains qui ont traité cette question. Je n'ai pas de motifs de faire preuve d'autant de réserve, aussi me garderai-je bien de gazer mon opinion.

Pour moi, les officiers de réserve allemands, que je connais depuis longtemps, sont obligés d'abdiquer toutes leurs opinions et de calquer leur manière d'agir sur celle des officiers de l'armée active. Leurs opinions, si elles ne sont pas en harmonie avec celles du Schwertadel, ils sont obligés de les mettre sous cloche, et cette cloche a tout à fait la forme et les effets d'un éteignoir. Ne les trouvez-vous pas bizarres, pour ne pas dire plus, ces juges, ces professeurs qui, au jour de l'an, se déguisent en officiers de réserve ou de landwehr, pour aller présenter leurs gratulations à leurs supérieurs? Ainsi voilà des hommes qui, pendant toute l'année, rendent la justice au nom du roi, et qui dans une circonstance solennelle n'hésitent pas à quitter la robe pour aller endosser un uniforme, qui leur va Dieu sait comment! De graves professeurs qui parlent toute l'année du *moi* et du *non-moi*, profitent des visites de nouvelle année, pour faire abstraction du *moi* et revêtent l'uniforme du *non-moi*. Tel libraire qui met sur les livres qu'il vend, sur ses catalogues : *Un tel*, éditeur à X. ou Y., sous-lieutenant de réserve ou bien encore capitaine en retraite croit-il épater par là le public et attirer les clients? Ou bien est-ce pour se rehausser à ses propres yeux?

Ce qu'il y a de typique dans tout cela, c'est

que l'officier de réserve allemand sait parfaitement l'opinion que les officiers de l'armée active ont de lui. Il sait qu'il n'est qu'accepté par eux et que les soldats se moquent de lui; cela ne l'empêche pas de faire parade de son titre. Même les journaux ne l'épargnent pas : journaux militaires, politiques et même les feuilles à caricatures.

Je ne veux pas reproduire ici quelques arguments formulés contre eux par l'auteur des *Vorrechte*, et que l'officier d'infanterie a négligés. Il n'y avait qu'une réponse à faire à Celticus, c'est l'*Allgemeine militær Zeitung* qui l'a fournie.

Les officiers de réserve et de territoriale français sont inférieurs à ceux de l'Allemagne! Je connais les premiers et je puis affirmer que s'ils ne sont pas toujours des manœuvriers de première force, ils sauront tous faire leur devoir le jour venu. Quant aux seconds, l'*Allgemeine* dit elle-même qu'il n'est pas possible de leur être inférieur, puisqu'elle avoue qu'ils sont nuls. En tout cas, ils seront toujours inférieurs aux nôtres sous un rapport très important. Chez nous, on ne demande qu'une chose à l'officier de réserve ou de territoriale : c'est de faire son métier le plus consciencieusement possible. Chez les Allemands, on leur impose une manière de voir, on leur impose des opinions souvent contraires à celles qu'ils ont, et ils acceptent cela, c'est-à-dire qu'ils abdiquent leur dignité. Un officier de réserve français, quel qu'il soit, ne se soumettrait jamais à de pareilles conditions, et il n'aurait pas tort, à mon avis.

Donc, que reste-t-il de tout cet échafaudage péniblement édifié par Celticus?

Rien!

Y a-t-il une morale à tirer de là?

Peut-être bien!

Et quelle serait-elle?

Un proverbe allemand qui dit : « Kehren sie vor ihrer Thüre : » Balayez devant votre propre porte. En d'autres termes, Celticus aurait mieux fait de laisser les officiers de réserve français en repos et de s'occuper des siens propres.

V

LES FORTERESSES ALLEMANDES DE LA FRONTIERE DE L'OUEST

Forteresses allemandes de la frontière de l'Ouest. — Ponts sur le Rhin. — Chemins de fer.

V

LES FORTERESSES ALLEMANDES DE LA FRONTIÈRE DE L'OUEST

La frontière naturelle de l'Allemagne du côté de la France est constituée par le Rhin ; elle a une importance stratégique des plus considérables, dont on peut se convaincre en se rappelant que les peuples de la Gaule et de la Germanie se la sont disputée de tout temps. C'est encore elle qui devrait séparer aujourd'hui la France de l'Allemagne, mais tel n'a pas été l'avis du chef du grand état-major allemand. Le Rhin continue à former la frontière militaire, en arrière d'une frontière scientifique constituée par l'Alsace et la Lorraine. En insistant tellement sur la nécessité de l'annexion de l'Alsace, de la Lorraine et surtout de la ville de Metz, le maréchal de Moltke poursuivait un plan, qu'il a réalisé du reste, et qui consiste à donner à l'Allemagne deux frontières : l'une, essentiellement offensive, sur la rive gauche du Rhin; l'autre, à la fois défensive et offensive sur la rive droite de ce fleuve. « Pris dans son ensemble, le cours du Rhin, de Strasbourg à Cologne, dessine une immense tenaille, aux extrémités de laquelle sont Strasbourg, Cologne et dont Mayence tient le rentrant. Un fleuve, trois places fortes, et les Allemands ont constitué la plus formidable barrière défensive, la plus puissante base offensive qui ait jamais existé. »

Cette frontière, les Allemands l'ont garnie de forteresses de premier ordre destinées à servir de places d'approvisionnement pour leurs armées. Ces places sont distribuées sur trois lignes.

1re ligne. Metz, en avant de la frontière militaire; cette forteresse a pour mission de favoriser l'offensive.

2me ligne. Celle-ci se trouve sur la frontière militaire même, et comprend les grandes places de Strasbourg, Mayence, Coblentz et Cologne, avec celles moins importantes de Neuf-Brisach, Rastatt, Germersheim, Wesel. Cette ligne a plutôt un caractère défensif.

Et enfin la 3me ligne, placée en arrière de la frontière militaire et destinée à appuyer les troupes chargées de défendre le pays, après que la frontière militaire aura été perdue. Elle comprend les places d'Ulm au sud et de Magdebourg au nord.

La défense du pays est complétée à l'aide d'un réseau de chemins de fer habilement disposé dans ce but.

Je vais d'abord étudier les places fortes, et je dirai ensuite un mot des chemins de fer.

METZ

Metz, qui nous a été enlevé par le traité de Francfort, est situé au confluent de la Moselle et de la Seille. Placé à 20 kilomètres seulement de notre frontière, c'est un nœud important de routes et de chemins de fer.

La nature et l'aspect du sol varient considérablement d'une rive à l'autre de la Moselle. Sur la rive gauche les pentes sont excessivement raides et se terminent généralement à leur sommet par des escarpements. Leurs hauteurs varient entre 180 et 200m au dessus du fond de la vallée. A cette altitude-là elles se terminent par un large plateau qui s'incline doucement vers l'Ouest et qui porte le nom de plaine de la Woëvre [1].

Sur la rive droite, au contraire, le sol s'élève d'abord assez brusquement, puis il s'ondule dou-

1. C'est sur ce plateau que se trouvent les champs de bataille des 16 et 18 août 1870.

cement vers l'est, en restant à une soixantaine de mètres environ au-dessus du niveau de la Moselle.

Avant 1870, on avait commencé la construction de quelques forts détachés, mais ils étaient loin d'être terminés et d'être armés au moment où la guerre fut déclarée. Ces forts étaient les suivants (en commençant par la rive droite de la Moselle, et dans le sens des aiguilles d'une montre) : le fort Saint-Julien, le fort de Queuleu, et les forts de Saint-Quentin, de Plappeville sur la rive gauche.

La Moselle traverse la ville, en plusieurs bras.

Depuis 1871 les Allemands ont remanié toute l'organisation défensive de Metz, ils ont complété l'organisation des forts existants en 1870 ; de plus ils ont transformé en ouvrages permanents, les redoutes qui avaient été construites par nous pendant la guerre (redoute des Bordes sur la rive droite, entre le Saint-Julien et le Queuleu, redoute de Saint-Privat au sud) ; de plus ils ont débaptisé tous nos anciens ouvrages et leur ont donné les noms de généraux allemands.

Voici la liste de ces forts :

Rive droite.	Fort St-Julien, actuellement fort Manteuffel. Redoute des Bordes, actuellement fort Zastrow. Fort de Queuleu, actuellement fort Goeben. Redoute de St-Privat, actuellement fort Prince de Wurtemberg.
Rive gauche.	Fort St-Quentin, actuellement fort Frédéric-Charles. Fort de Plappeville, actuellement fort Alvensleben. Entre les deux précédents, le : Fort Manstein (nouveau). Fort Kameke[1] (nouveau).

Les ouvrages du corps de place ont été améliorés par les Allemands; entre autres le fort Bellecroix (qui est devenu le fort Steinmetz), et le fort Moselle sur la rive gauche (qui porte maintenant le nom de Voigts-Rhetz).

Comme renseignements complémentaires, je dirai d'abord que le fort Saint-Quentin a été renforcé à sa pointe ouest par la construction du fort Manstein (avec une tourelle). Ce fort est relié au fort Frédéric-Charles par deux lignes (branches de jonction), et au fort Alvensleben par un chemin couvert. Les pentes ouest sont en outre flanquées par un certain nombre de batteries. Je ne puis entrer dans une description détaillée des différents ouvrages avancés, je me bornerai donc à dire que tout a été prévu par

1. Avec 2 tourelles cuirassées.

les Allemands en vue d'une défense acharnée. Presque tous les forts sont pourvus de galeries de mines.

On évalue à 30000[1] le nombre d'hommes nécessaire pour défendre Metz. Les forts et les batteries intermédiaires sont armés de 600 canons et la place de 150.

L'attaque de Metz est presque impossible par la rive gauche, car le front est déjà très fort par lui-même ; ensuite il n'y a pas moyen de faire des cheminements, car le terrain est rocailleux ; de plus, une fois les forts de première ligne enlevés, on aurait à traverser une rivière très large pour aborder le corps de place.

Par la rive droite, l'attaque n'est guère plus aisée, car on aura à surmonter des difficultés de tous genres. On devra construire une voie ferrée pour amener les approvisionnements, et enlever trois forts avant de pouvoir songer à aborder le noyau central (et on aura à traverser la Seille).

En admettant qu'une armée française vienne mettre le siège devant Metz, elle devra disposer d'un parc de 450 à 500 pièces, et d'un effectif de 130 000 hommes au moins[2].

1. Ce nombre est tout à fait au minimum.

2. En prenant pour base les données allemandes relatives au siège de Paris (2, 8 hommes par mètre courant), et en supposant que la ligne des sentinelles ait un développement de 47 kilomètres :

$$47.000 \times 2,8 = 131.600 \text{ hommes.}$$

THIONVILLE

Thionville, que les Allemands appellent maintenant Diedenhofen, a été conservée par eux. Ils n'y ont pas construit d'ouvrages avancés, ils se sont contentés de perfectionner ceux qui existaient en 1870, et d'augmenter le nombre des abris.

Cette ville a encore une grande importance stratégique, car elle se trouve au point de croisement des 5 lignes ferrées venant de Metz, de Sarreguemines, de Trèves, de Luxembourg et de Mézières.

Les Allemands y ont construit une grande gare militaire.

BITCHE

Après la guerre, le génie allemand a déclassé et fait démolir toutes les petites forteresses des Vosges (la Petite-Pierre, Lichtenberg, Phalsbourg) et n'a conservé que le fort de Bitche. Celui-ci, situé sur un rocher, commande la ligne de Strasbourg, Haguenau, Sarreguemines, Metz. C'est à peu près le seul fort d'arrêt qu'il y ait en Allemagne, car l'on sait que les ingénieurs, de l'autre côté des Vosges, ne sont pas du tout partisans de ce genre de défense.

Nous allons aborder maintenant la frontière militaire, ce qui nous amène à étudier les places de Neuf-Brisach, Strasbourg, Rastatt, Germersheim, Mayence, Coblentz, Cologne et Wesel.

NEUF-BRISACH

Les Allemands n'ont modifié que quelques détails de l'organisation intérieure de Neuf-Brisach, et ils y ont construit une grande gare militaire. Cette place leur sert uniquement à couvrir le pont du Rhin.

STRASBOURG

Strasbourg est situé au confluent de l'Ill et de la Bruche et à proximité de celui de l'Ill et du Rhin. Cette place commande à la fois les chemins de fer et voies de communication parallèles au Rhin [1] et ceux qui conduisent de la France vers l'Allemagne du Sud (ligne de Paris à Munich).

1. 3 voies ferrées :

1° Bâle à Mayence-Cologne.	Rive gauche.
2° Strasbourg à Lauterbourg-Germersheim.	
3° Bâle à Mayence par Fribourg en Brisgau.	Rive droite.

Sans entrer dans de grands détails sur la configuration du terrain sur lequel est située cette forteresse, je dirai que la place elle-même est située en plaine ainsi que presque tous les forts qui l'entourent.

Les Allemands ont démoli la plus grande partie de l'enceinte (bastionnée) qui entourait autrefois la ville; ils l'ont reportée en avant et ont construit une ligne de forts détachés à des distances variables. Le diamètre moyen de la place est maintenant de 17 kilomètres.

La nouvelle enceinte a douze fronts en ligne droite, flanqués par des caponnières placées de deux en deux sommets. Les fossés, qui sont larges de 50^{m}, sont pleins d'eau.

En outre de ces modifications apportées à la fortification, les Allemands ont aussi dévié tous les chemins de fer, de façon à lés faire aboutir dans la place. Ils ont établi au nord-ouest de la ville une immense gare militaire, qui peut servir de modèle du genre.

Les forts détachés de Strasbourg peuvent être divisés en deux catégories bien distinctes : forts à fossés secs et forts à fossés pleins d'eau.

Ces forts sont au nombre de 14 : savoir 11 sur la rive gauche et 3 sur la rive droite.

Ces forts sont les suivants, en partant de la rive gauche et en aval de la place :

1° Fort Fransecky (à fossés pleins d'eau). Il

surveille la rive gauche du Rhin et enfile la route et le chemin de Lauterbourg.

2° Fort de Moltke (à fossés secs) bat la route de Bischwiller.

3° Fort de Roon (à fossés secs) bat le chemin de fer de Paris et celui de Wissembourg-Mayence.

4° Fort Podbielsky (à fossés secs) surveille la vallée de la Suffel ainsi que les pentes de Hausbergen, qui ne sont pas vues par les deux forts voisins.

5° Fort du Kronprinz (à fossés secs) occupe le milieu du plateau de Hausbergen. Il a deux batteries annexes, un peu en retrait.

6° Fort Grossherzog von Baden (à fossés secs) occupe l'extrémité sud du plateau de Hausbergen avec deux batteries annexes[1].

7° Fort Bismarck (à fossés secs) bat la route de Wasselonne et la vallée de la Bruche. Il a une batterie annexe.

8° Fort Kronprinz von Sachsen (à fossés secs) bat le chemin de fer de Mutzig, ainsi que les routes de Schelestadt et de Mutzig.

1. Les forts Podbielsky, Kronprinz et Grossherzog von Baden se trouvent tous trois sur le plateau de Hausbergen, qui constitue la clef de la défense de Strasbourg. Ils sont reliés entre eux par un large chemin tracé un peu en arrière de la crête occidentale. Ce chemin permettrait d'amener facilement les pièces nécessaires à la défense intermédiaire et apporterait donc un appoint considérable de force à celle-ci.

9° Fort von der Thann (à fossés pleins d'eau), a son front couvert par des prairies marécageuses. Il enfile la ligne de Strasbourg à Bâle.

10° Fort Werder (à fossés pleins d'eau), entre le canal du Rhône au Rhin et l'Ill, enfile ces deux voies de communication. Il a une batterie annexe en terre.

11° Le fort Schwarzhof (à fossés pleins d'eau), placé à un coude du Rhin, enfile le cours du fleuve et commande les bois qui sont situés sur les bords de ce dernier.

En arrière de ces forts circule un chemin stratégique, disposé de façon à pouvoir être rapidement converti en une voie ferrée.

Forts de la rive droite :

12° Fort Kirchbach (à fossés pleins d'eau) commande la route de Fribourg et la rive gauche de la Kinzig.

13° Fort Bose (à fossés pleins d'eau) enfile la route d'Offenbourg et le chemin de fer d'Appenweyer.

14° Fort Blumenthal (à fossés pleins d'eau) surveille la rive droite du Rhin et commande la route de Carlsruhe.

Le développement de la ligne occupée par les forts représente une longueur d'environ 42 kilomètres.

Le point d'attaque de Strasbourg est bien plus facile à déterminer que celui de Metz. Il est sur la rive gauche, car, en attaquant par la rive droite, de façon à faire tomber la tête de pont, on serait ensuite obligé de repasser sur la rive gauche, opération très difficile.

Ce point de la rive gauche, c'est le plateau de Hausbergen, car, une fois que l'on s'en sera rendu maître (non sans peine), on dominera toutes les défenses intérieures ainsi que les forts voisins [1].

On suppose que la garnison de Strasbourg serait d'environ 40 000 hommes; il faudrait 160 000 hommes pour investir la place (la longueur de la ligne d'investissement étant de 49 kilomètres sur la rive gauche et de 27 sur la rive droite, total 76 kilomètres), et environ 360 pièces de siège. Je reviendrai plus tard sur le rôle de Strasbourg.

RASTATT [2]

Rastatt se trouve à 5 kilomètres du Rhin, à 4 kilomètres de la Forêt Noire et à 43 kilomètres au N. N. E. de Strasbourg. Cette ville est traversée par la Murg; ses fortifications ont été terminées en 1858. Avant 1866 elle était forteresse

1. Entre autres celui de Bismarck, qui sera pris à revers.

2. J'ai emprunté à la Géographie du commandant Marga la plupart des renseignements relatifs aux places fortes.

fédérale, et avait pour mission de barrer la route à une invasion française et de la rejeter vers le sud de la Forêt Noire, c'est-à-dire vers une région très difficile. Depuis que Strasbourg est devenu allemand, elle a beaucoup perdu de son importance; malgré cela, on l'a conservée et même améliorée.

La place est constituée : 1° par trois forts polygonaux, reliés entre eux par trois lignes de jonction [1]; 2° une série de forts détachés, à 1 kilomètre environ, en avant de la place.

Une partie de l'enceinte est couverte par des inondations. Il est probable que si on se donnait la peine d'attaquer Rastatt, on choisirait le fort Léopold comme but. Le fort forme saillie, le terrain est favorable pour les cheminements et l'on trouverait dans la forêt d'Iffezheim [2] tous les bois nécessaires.

GERMERSHEIM

Germersheim, qui se trouve au confluent de la Queich et du Rhin, est à 18 kilomètres de Landau. Ces deux places étaient autrefois destinées à nous barrer la route du Palatinat ; Landau a

1. Ces trois forts sont les forts : Léopold et Ludwig (A et B) à fossés secs et Friedrich (C) à fossés pleins d'eau.
2. Célèbre champ de courses badois.

été déclassée après la guerre de 1870; mais Germersheim a été conservé pour couvrir le point de passage du Rhin, en face de la fameuse dépression de Pforzheim, et la ligne de chemin de fer de Strasbourg à Spire. Elle garde de plus le pont par lequel la ligne de Bruchsal franchit le Rhin. La place se compose du noyau central, de deux fronts (Hertling et Ysenburg, le long du Rhin), des forts Friedrich der Siegreiche, Deroy, Wrède, Siebein et Vincenti, de la tête de pont sur la rive droite du Rhin (ouvrage à cornes).

La ville de Mannheim offre un excellent point de passage du Rhin; les Allemands ont déjà souvent demandé qu'elle soit transformée en une place forte; mais leur gouvernement a toujours résisté. Nous reviendrons plus loin sur les points de passage.

MAYENCE

Cette ville est située au confluent du Mein et du Rhin; cela lui donne une importance extrême au point de vue stratégique, car elle se trouve au point de passage forcé des lignes d'opération se dirigeant vers la vallée du Mein.

Elle commande le fleuve et une grande quantité de chemins de fer et de routes.

Cette forteresse a été française de 1793 à 1815, et elle a eu à soutenir des sièges mémorables, entre autres ceux de 1792 et de 1793.

Située dans la plaine du Rhin, sur les bords mêmes du fleuve (rive gauche), elle est couverte sur la rive droite par la tête de pont de Castel. Son enceinte a été considérablement agrandie depuis 1870 et construite dans le système polygonal.

L'ensemble de ses fortifications est très compliqué, car on en retrouve un peu de toutes les époques. Il se compose : 1° de l'enceinte de la ville ; celle-ci a été construite en 1604 et comprend une citadelle ; la partie ouest qui a été démolie, il n'y a pas longtemps, vient maintenant se fermer sur le Rhin ; 2° des forts Saint-Charles, Walsch, Sainte-Elisabeth, Saint-Philippe, double couronne de Clairfayt et fort Saint-Joseph, qui, réunis entre eux par des lignes à crémaillère, forment une ligne continue ; 3° de l'ouvrage à cornes de Weissenau, des forts de Sainte-Croix, Hechtsheim, Mariabom, Bingen, Gonsenheim et Hardenberg ; 4° de l'enceinte de Castel (avec 4 lunettes, le fort Hessen et les ouvrages de l'île de Mars).

Etant donnés les progrès actuels de l'artillerie, Mayence est hors d'état de résister à un bombardement. Les Allemands se proposent de reporter la défense en avant, en construisant trois nouveaux forts, dont l'un, celui du Pétersberg, au nord de Castel, est seul achevé; les deux autres (Laneberg et Vorderberg) ne sont pas encore achevés.

COBLENTZ

Coblentz est située au confluent de la Moselle et du Rhin; elle barre les routes qui conduisent de Metz vers le centre de l'Allemagne (point de passage de Neuwied). Elle est moins importante, malgré cela, que Mayence et que Cologne, car elle ne commande pas, comme ces deux places, l'une des grandes voies d'invasion naturelles de France en Allemagne.

La ville est placée dans l'angle formé par la Moselle (rive droite) et le Rhin (rive gauche). Les fortifications se composent de quatre parties, qui sont :

1° Le corps de place proprement dit.

2° Les ouvrages de la rive droite de la Moselle : fort Blücher, fort Constantin, fort Alexandre et plusieurs ouvrages en terre.

3° Les ouvrages de la rive gauche de la Moselle : sur le Pétersberg, le fort François, le Bubenheim aves 5 lunettes avancées, le fort Moselle et le fort de Neuendorf.

4° Les ouvrages de la rive droite du Rhin : le fort d'Ehrenbreitstein, directement au-dessus du fleuve, perché sur un rocher, le fort d'Arzheim, le réduit du même nom (avec deux petits ouvrages annexes) et le fort de Rheinhell.

Coblentz devait servir de port de refuge à une flottille de canonnières; mais on a renoncé à ce projet, car les premières expériences n'ont donné que des résultats absolument négatifs.

COLOGNE

Cologne se trouve placée au point où la vallée du Rhin commence à s'abaisser. Elle commande cette dépression par laquelle se sont produites presque toutes les invasions des peuplades du Nord; la place de Wesel, dont je dirai un mot tout à l'heure, complète Cologne.

La ville, qui se trouve sur la rive gauche du fleuve, a un faubourg sur la rive droite (Deutz). Les fortifications comprennent : 1° la nouvelle enceinte, qui passe sur l'emplacement des anciens forts; 2° les ouvrages de Deutz, qui forment tête de pont (enceinte et 4 forts détachés) ; 3° les forts construits depuis 1870 (au nombre de 8 avec 14 batteries intermédiaires sur la rive gauche, et 4 forts avec 9 batteries sur la rive droite). Tous ces ouvrages sont reliés entre eux par un chemin de ronde.

FORT DE HAMM

Le fort de Hamm est destiné à couvrir le pont du chemin de fer de Neuss, près Dusseldorf. Il consiste en deux tours, qui se terminent par des coupoles cuirassées.

WESEL

La place de Wesel commande le passage du Rhin et un grand pont du chemin de fer.

Elle se compose :

1° D'une enceinte rectangulaire ;

2° D'une citadelle ;

3° Du fort Blücher, qui forme tête de pont sur la rive gauche du Rhin ;

4° Des 3 redoutes en terre de l'île Buderich ;

5° Des deux forts (de la Lippe et de Furstenberg) construits en 1840 ;

6° Du fort de Brümderhof et d'un fort neuf, placé sur la rive gauche.

Trois forts nouveaux sont projetés.

MAGDEBOURG

Cette place est située sur la rive gauche de l'Elbe, sur le passage direct de Cologne à Paris.

Elle est un nœud très important de chemins de fer.

Elle se compose :

De l'enceinte proprement dite;

Et de 13 forts détachés, distants de 2 à 3 kilomètres de l'enceinte. Elle jouerait un rôle capital, au cas où l'armée [1] allemande serait battue par nous, et où nous voudrions marcher sur Berlin, car elle couvre cette capitale à l'ouest. De plus elle forme le noyau de la défense de l'Elbe.

ULM

Je parle pour mémoire des places d'Ulm et d'Ingolstadt, qui ne joueraient qu'un rôle insignifiant, dans une guerre qui aurait lieu entre l'Allemagne et nous.

Ulm, située sur le Danube, est un point stratégique fort important (nœud de chemins de fer et de routes).

Elle se compose de :

1° L'enceinte proprement dite avec une caserne défensive (Wilhelmsberg) sur le Michelsberg, qui sert de réduit à la citadelle de Wilhelmsfeste.

1. Magdebourg fut prise en 1631 par Tilly, qui y fit massacrer 30 000 habitants. Mais elle est surtout célèbre par son *héroïque* défense en 1806.

2° Le fort Prittwitz.

3° Le fort de l'Unter-Eselsberg et la lunette de Soflingen.

4° Les forts Oberer et Unterer-Kuhberg et la lunette du Mïttlerer-Kuhberg.

5° Le fort de l'Albecker-Steige, la tour d'Oerlingen.

6° Le fort de Friedrichsau.

7° Et cinq nouveaux forts sur la rive droite, en avant de Neu-Ulm.

INGOLSTADT

Ingolstadt, qui est située sur la rive gauche du Danube, est défendue par :

1° Une enceinte et une tête de pont.

2° Trois forts : Vorwerke de Feldkirchen, Maximilien-Emmanuel et Hastung.

3° Les nouveaux forts (9 sur la rive gauche et 3 sur la rive droite).

Je terminerai cette courte énumération des places fortes de l'Allemagne occidentale, en disant que toutes ou presque toutes ont été construites avec notre argent (contributions de guerre de 1815 et de 1870). Nous aurons donc parfaitement le droit de les raser après la prochaine campagne.

PONTS SUR LE RHIN

Le Rhin formant la frontière militaire de l'Allemagne et constituant un obstacle assez difficile à franchir, il est tout naturel que nous nous occupions des différents points de passage que l'on trouve sur son cours.

Voici les ponts que l'on y rencontre, en descendant de Bâle à Wesel.

Huningue [1] : 1 pont de bateaux et 1 pont de chemin de fer.
Neuenburg : 1 pont de bateaux et 1 pont de chemin de fer.
Neuf-Brisach : 1 pont de bateaux et un pont de chemin de fer.
Marckolsheim : 1 pont de bateaux.
Schœnau —
Rhinau —
Gerstheim —
Strasbourg : 1 pont fixe pour le chemin de fer et 1 pont de bateaux.
Gambsheim : 1 pont de bateaux.
Drusenheim —
Seltz —
Lauterbourg —
Maxau « pour le chemin de fer.
Germersheim : 1 pont de chemin de fer.
Spire : 1 pont de bateaux pour chemin de fer.
Mannheim : 1 pont fixe pour chemin de fer.
Worms : 1 pont de bateaux et bacs à vapeurs pour transborder les wagons.

1. Place forte déclassée depuis 1815.

Mayence : 1 pont de chemin de fer.
Bingen : 1 pont.
Bacharach : 1 pont.
Boppart —
St-Goar —
Coblentz : pont de chemin de fer.
Neuwied : 1 pont.
Bonn : bac pour chemin de fer.
Cologne : pont de chemin de fer.
Hamm : pont de chemin de fer.
Düsseldorf : pont de bateaux.
Duisburg : 1 pont de chemin de fer.
Ruhrort : bac pour chemin de fer.
Wesel : pont de chemin de fer.

Comme on voit, il existe pas mal de points de passage ; seulement il ne faut pas perdre de vue qu'ils sont constitués en majeure partie par des ponts de bateaux que les Allemands s'empresseraient de replier, dans le cas où ils seraient battus sur la rive gauche.

CHEMINS DE FER ALLEMANDS ABOUTISSANT A LA FRONTIÈRE

Je m'étais proposé, sur le premier moment, de ne rien dire des chemins de fer allemands qui aboutissent à nos frontières et qui par suite favorisent le déploiement stratégique de nos ennemis. Mais, réflexion faite, j'en dirai tout de même un mot, car il y a eu quelques changements apportés par les Allemands dans l'organisation de leurs voies ferrées en Alsace et dans le Palatinat.

A l'heure qu'il est, ils disposent de douze lignes différentes pour jeter leurs troupes sur notre frontière [1].

Ces lignes sont les suivantes, en partant du Nord :

1° Cologne, Calw, Trèves, Merzig, Teterchen et Courcelles. Cette ligne, qui est à deux voies, est tout indiquée pour servir au transport du 7e corps d'armée, qui tient garnison en Westphalie (Munster) et du 9e corps (Altona).

2° Coblentz, Trèves, Thionville. Cette ligne est à deux voies ; elle est le prolongement direct (par le pont de Horchheim) de celle qui va à Cassel ; elle servira donc probablement au 11me corps d'armée.

3° Coblentz, Bingen, Neunkirchen, Saarbrück, Sarrelouis. Cette ligne est à double voie jusqu'à Saarbrück et à voie unique depuis là jusqu'à Sarrelouis. Elle serait probablement utilisée par le 10e corps d'armée (Hanovre).

4° Mannheim, Kayserslautern, Neunkirchen, Saarbrück, Remilly. Cette ligne, à deux voies, serait probablement utilisée par le 2e corps bavarois ou par le 10e corps d'armée.

1. Sur le front Thionville-Sarrebourg (ou plus exactement Rieding, près de Sarrebourg), qui est tout indiqué pour cela.

5° Spire, Neustadt am Hardt, Landau, Sarreguemines, Saaralbe, Bensdorf. Elle est à deux voies de Spire à Sarreguemines et à voie unique de Sarreguemines à Bensdorf. Elle peut être utilisée également par le 2e corps bavarois dans les premiers moments.

6° Germersheim, Landau, Wissembourg, Haguenau, Bitche, Sarreguemines. A deux voies de Germersheim à Haguenau, elle devient à voie unique à partir de cette dernière station ; elle peut être utilisée par le corps d'armée saxon (12e).

7° Mayence, Wissembourg, Haguenau, Saverne. Elle est à deux voies et peut être utilisée par la division hessoise (celle-ci est rattachée au 11e corps) ou plutôt par le 4e corps d'armée (Magdebourg).

8° Maxau (rive droite), Lauterbourg, Strasbourg, Schirmeck. Elle vient de Carlsruhe et peut par conséquent servir à transporter le corps d'armée badois (14e) en tout ou en partie [1]. Elle est à deux voies de Maximiliansau (rive gauche) à Strasbourg, et à une voie de là jusqu'à Schirmeck.

9° Strasbourg, Saverne, Rieding (deux voies).

10° Neuf-Brisach, Colmar, Schelestadt, Molsheim (une voie de Schelestadt à Molsheim.)

1. Je fais remarquer que ce ne sont là que de simples suppositions, s'éloignant probablement beaucoup de ce qui sera fait dans la réalité.

11e Neuenburg, Mulhouse, Colmar (à une voie de Neuenburg à Colmar).

12° Huningue, Mulhouse, Altkirch (à une voie de Huningue à Mulhouse).

Les Allemands n'ont rien négligé dans tous leurs préparatifs. Ils ont construit d'immenses gares militaires dans toutes les localités ayant une importance quelconque au point de vue stratégique. Les plus remarquables sont celles de Strasbourg, Rieding, Neuf-Brisach, Thionville.

Encore une fois, leur front de déploiement (au cas où ils ne violeraient pas la neutralité belge) est tout indiqué sur la ligne Thionville-Rieding. Ces deux villes sont reliées l'une à l'autre par un chemin de fer à double voie, passant par Metz et dont toutes les stations sont pourvues de quais de débarquement.

En Alsace, il existe de nombreux quais sur les lignes de Strasbourg à Saverne (Paris), Strasbourg-Schirmeck, Neuf-Brisach-Colmar, Molsheim, Neuenburg-Mulhouse-Colmar, Huningue-Mulhouse-Altkirch.

En Lorraine il y en a des quantités sur les lignes de Metz-Thionville, Courcelles-Teterchen, Remilly-Saarbrück, et Bensdorf-Saaralbe.

Voilà les lignes ferrées dont l'Allemagne dispose pour jeter ses troupes sur notre frontière nord-est. Il est évident que les 9 premières sont les plus importantes.

VI

CONSIDÉRATIONS MILITAIRES

VI

CONSIDÉRATIONS MILITAIRES

LA NEUTRALITÉ DE LA BELGIQUE N'EST PAS VIOLÉE

L'Allemagne déclarant la guerre à la France, malgré celle-ci, nous pouvons nous trouver en présence d'une foule d'éventualités, que je vais chercher à énumérer.

1° Les Allemands se déploient le long de nos fronts de haute Moselle et dans ce cas ils sont ou vainqueurs, ou, ce que j'espère plutôt, vaincus.

2° Ils violent la neutralité de la Belgique.

3° Ils violent la neutralité de la Suisse.

Je ne m'occuperai pas du cas où les Allemands seraient victorieux dans la première grande bataille livrée quelque part aux environs de Nancy, du côté de Pont-Saint-Vincent. Voyons plutôt ce qui leur arriverait, si la veine insolente qui les a toujours favorisés en 1870, venait à leur tourner le dos. En disant cela, je n'avance rien d'extraordinaire, car nous livrerons combat à armes égales, ayant le même Dieu pour nous (nous sur nos pièces de cent sous, et les Allemands sur leurs casques et leurs plaques de ceinturon).

Si j'étais un peu moins positif, je dirais que nous avons pour nous la justice de notre cause ; mais c'est là un argument tout au plus bon à reléguer dans l'armoire aux vieilles lunes, par le temps qui court. Nous lutterons pour notre existence, comme les Allemands pour la leur ; la victoire restera à celui qui aura les meilleurs généraux et les meilleures troupes.

En admettant que les Allemands aient le dessous dans la première affaire, ils pourraient tirer parti de trois bonnes positions défensives :

La 1re, en avant de Château-Salins et d'Avricourt.

La 2e, la vallée de la Sarre.

La 3e, le Hardt.

Mais il est fort douteux qu'ils utilisent la première, car elle serait beaucoup trop rapprochée de l'emplacement où ils auraient subi leur premier échec.

La ligne de la Sarre est très bonne, c'est certain ; mais elle a un point faible : Sarrebrück. Si nous arrivons à battre les Allemands sur ce point, ceux-ci sont obligés de se diviser pour couvrir les uns la vallée de la Moselle, ainsi que les routes du Hundsrück qui permettent de tourner le Hardt, et les autres la ligne du Hardt qui offre deux belles positions : Kayserslautern et Pirmasens [1]. Il est vrai de dire que ces dernières sont tournées par Wissembourg (lignes de la Lauter). Une fois que nous nous serions emparés de ces deux positions, les armées allemandes n'auraient plus qu'une chose à faire : ce serait de se replier sur Mayence.

Pour exécuter ce mouvement, nous aurions à déboucher par les trouées de Belfort et de Saverne, pour couvrir notre flanc droit, et à masquer Metz, ce qui nous obligerait à laisser beaucoup de monde en arrière.

Les troupes débouchant par Belfort auraient un rôle simplement démonstratif, car si, d'une part, la haute Alsace n'est pas défendable contre une armée française se basant sur cette place, d'autre part elle est trop étroite pour permettre à de grandes masses d'y manœuvrer ; d'autant plus que celles-ci auraient des communications absolument incertaines passant par les défilés des Vosges. J'ai déjà entendu parler d'opérations contre Mulhouse et Colmar ; celles-ci ne pourront avoir de caractère sérieux qu'en tant qu'elles seront destinées à appuyer celles de l'armée qui manœuvrera du côté de Saarbrück, c'est-à-

1. Qui ont déjà joué un rôle des plus importants, pendant les guerres de la Révolution.

dire contre le centre de l'armée allemande. Une fois le tronçon de droite de l'armée allemande en retraite sur Mayence et celui de gauche sur le Hardt, puis sur Mayence, qu'adviendrait-il ?

Supposons même que les têtes de pont de la rive gauche du Rhin soient tombées entre nos mains, le Rhin n'en subsisterait pas moins comme obstacle et avec lui les quatre grandes forteresses de : Strasbourg, Mayence, Coblentz et Cologne. Ce qui veut dire que nous serions obligés, pour pouvoir franchir le fleuve, d'enlever une de ces grandes places. Mais on n'enlève pas un camp retranché de cette importance, comme on le ferait d'un fort d'arrêt.

Il faudrait énormément de monde pour cela, et d'autre part les Allemands, ne voulant pas s'exposer à perdre un des boulevards de leur empire, on en arriverait à concentrer toute la lutte sous les murs de la place assiégée. Par suite de cela on verrait se reproduire des événements dans le genre de ceux qui se sont passés, en 1854, en Crimée. La chute de la place entraînerait la conclusion de la paix, car les deux États seraient épuisés tous les deux, surtout l'Allemagne.

Je suis d'autant plus tenté de croire à cela, que l'Allemand est peu fait pour la défense pied à pied et qu'une fois battu, il serait bien plus démoralisé que n'importe quel autre soldat (témoin la campagne de 1806).

Il n'est pas admissible que nous traversions le Rhin, sans avoir pris au moins une de ces grandes places fortes, car, si nous le faisions, nous serions obligés d'en masquer au moins trois (Strasbourg, Mayence, Coblentz); nous ne pourrions faire autrement que de conserver un corps d'une certaine force, pour parer à une opération dirigée contre notre flanc gauche par la place de Cologne. Après avoir éparpillé une grande partie de notre monde de cette manière, nous aurions finalement à constituer l'armée avec laquelle nous opérerions en Allemagne.

Or, que résulte-t-il de tout ce qui précède?

C'est que les Allemands auraient tout avantage à nous voir procéder de cette manière, car nous éparpillerions toutes nos troupes, tandis qu'eux, ne laissant que de faibles garnisons dans leurs places fortes, disposeraient de toutes leurs forces contre l'armée d'invasion qui leur serait certainement bien inférieure.

Je crois donc qu'il faut en revenir à ma première idée, c'est-à-dire à la guerre de sièges sur le Rhin. Je puis d'autant mieux exposer ma manière de voir sur ce sujet que je n'ai pas de position officielle, n'étant même plus militaire. Je ne suis qu'un pauvre vieil officier (de la garde nationale) et ne demande qu'une chose : c'est de faire voir à mes compatriotes les choses telles qu'elles peuvent se présenter lors de la prochaine guerre.

Je ne reviendrai pas sur Strasbourg, j'ai déjà donné *grosso modo* les détails la concernant, au chapitre IV. Cette place est essentiellement offensive contre le flanc droit d'une armée française débouchant en Alsace ou dans le Palatinat et cherchant à franchir le Rhin. Elle a un périmètre de 50 kilomètres environ et nous avons déjà vu le nombre d'hommes qu'il faudrait pour l'assiéger. L'attaque devrait opérer en même temps dans le grand-duché de Bade et même dans le Wurtemberg, de façon à empêcher les armées ennemies de diriger un mouvement offensif contre nous. Celles-ci pourraient s'appuyer d'une part sur Ulm, et de l'autre sur Mayence (grâce aux voies ferrées de la rive droite); ceci joint à la proximité de la Forêt Noire rendrait nos opérations excessivement difficiles.

Et puis la possession de Strasbourg ne constituerait qu'un bien mince avantage pour nous, car nous aurions toujours nos flancs menacés : au nord (à gauche) par des troupes s'appuyant sur Mayence et Magdebourg, au sud (à droite) par d'autres se basant sur Ulm et Ingolstadt.

En somme, la prise de Strasbourg ne nous servirait pas à grand'chose; elle constituerait un avantage purement platonique pour nous. Je crois donc que l'on y renoncera et que l'on se contentera de masquer cette place, de façon à immobiliser ses défenseurs.

La vallée du Main, qui vient aboutir près de

Mayence, est une ligne d'opérations bien séduisante pour nous ; et pourtant il nous est impossible de nous y engager ayant Strasbourg sur notre flanc droit et Mayence sur notre gauche. Or, le siège de cette dernière ville serait au moins aussi long et aussi pénible que celui de la première.

La possession de Mayence nous ouvrirait la vallée du Main, c'est-à-dire la route directe vers notre objectif : la Thuringe [1]. Celle-ci est toujours encore notre objectif principal, car c'est elle qui forme le cœur de l'Allemagne. Du jour où nous en sommes maîtres, nous avons une position stratégique absolument inabordable en Allemagne. Il ne faudrait cependant pas croire

1. « La Thuringe a une grande importance militaire, et les Allemands considèrent les défilés des montagnes qui la bordent à l'ouest comme des *Thermopyles* couvrant le centre de leur empire. En effet, après de grands revers sur leur frontière occidentale et une campagne malheureuse sur le Rhin, ce plateau pourrait servir de réduit à leurs armées battues.....

» Après une défaite en Thuringe ou sur la Saale, une armée prussienne peut choisir entre trois lignes de retraite : 1° vers le nord par Magdebourg, c'est la direction qui fut imposée en 1806, elle découvre Berlin et toute la Saxe; 2° vers Wittemberg et Berlin, c'est la retraite directe vers l'objetif de l'ennemi et la direction préférable, du moins tant que Berlin ne sera pas fortifié ; 3° vers Dresde, c'est une retraite latérale analogue à ce que serait pour les armées françaises battues sur la haute Marne une retraite sur Orléans. » (Commandant MARGA.)

qu'une fois maîtres de Mayence, nous pourrions nous engager très facilement dans la vallée du Main et marcher directement vers la Thuringe. Nous aurions toujours nos flancs exposés à des attaques partant de la Bavière et du massif central de l'Allemagne, c'est-à-dire de la Hesse, ce qui nous obligerait par suite à avoir une armée manœuvrant sur notre flanc gauche dans ce dernier pays, et une autre sur notre flanc droit dans la Bavière.

Coblentz peut être masquée par un corps moins nombreux que ceux exigés par une opération identique autour de Strasbourg ou de Mayence. Il serait avantageux pour nous de pouvoir mener de front les sièges de Mayence et de Coblentz; car, ces deux villes une fois prises, nous disposerions d'un front beaucoup plus large, de plus nous pourrions accéder facilement dans la vallée de la Lahn et dans le massif central de la Hesse. (Il est vrai que ce dernier avantage est bien minime, car le massif central [Hesse et Nassau] ne se prête pas aux mouvements d'armées nombreuses, les communications y étant difficiles et rares.) Nous n'aurions qu'un moyen de faire tomber les défenseurs de cette région : ce serait de les déborder par le nord (Westphalie) et par le sud (Thuringe) avec une armée forcément supérieure en nombre. Le siège de Coblentz seul ne nous servirait absolument à rien; il faudrait, pour qu'elle eût une valeur réelle pour nous, que la prise de cette place coïncidât avec celle de Mayence ou de Cologne.

De même nous n'aurions pas plus de raisons d'assiéger et de prendre Cologne seule; car il serait imprudent et dangereux, au plus haut point, de pénétrer en Allemagne, en laissant sur notre flanc droit trois places de l'importance de Strasbourg, Mayence et Coblentz. De plus les communications sont rares dans tout le pays sillonné par l'Eifel et les Ardennes; il serait presque impossible de ravitailler nos troupes, dans ces conditions-là.

Le point le plus vulnérable de l'Allemagne, est évidemment le Nord, dans la région entre Cologne et Wesel, c'est-à-dire au nord de l'Eifel et des Ardennes. Ce pays est riche et offre des ressources de tout genre pour les armées; de plus il est sillonné par un grand nombre de voies de communication (routes et voies ferrées). De plus on n'y rencontrerait aucun obstacle sérieux (sur la rive droite); on pourrait se porter en ligne droite sur Berlin par les immenses plaines du Hanovre. Enfin on aurait uniquement à couvrir son flanc droit, contre les opérations que les troupes allemandes du plateau central de la Hesse pourraient diriger de ce côté. Mais je ne discute pas cette hypothèse, car elle ne serait réalisable pour nous qu'à la condition que nous violions la neutralité de la Belgique. Or, nous ne nous résoudrons jamais à cette extrémité, quoi qu'on en dise, car nous agirions absolument contre nos intérêts [1].

On a tellement parlé du fameux plan de campagne de 1867, que je me vois obligé de redescendre au sud et de m'occuper encore une fois de l'hypothèse du passage par Strasbourg.

Celui-ci nous amènerait sur le théâtre d'opérations de la Bavière et du haut Danube, qui est absolument excentrique, depuis les nombreuses années que Vienne n'est plus l'objectif de nos armées. Autrefois nous avions plusieurs routes pour y pénétrer :

1° Par la trouée sud du Danube ; route passant par les villes forestières au nord de la Suisse et aboutissant dans la haute vallée du Danube. Cette vallée était barrée et l'est encore par la place d'Ulm. Mais elle nous est fermée de plus par la neutralité de la Suisse.

2° Les différentes routes traversant la Forêt-Noire. Elles sont plus faciles qu'autrefois, mais elles n'en constituent pas moins de longs défilés à travers le grand-duché de Bade et le Wurtemberg. (De plus elles nous sont barrées par Stras-

1. En admettant que ce fait se réalisât jamais, nous disposerions alors de deux excellentes voies d'invasion, dans la plaine de l'Allemagne du Nord.

La 1re, partant de Wesel, et aboutissant à Berlin en passant par Osnabrück, Minden, Hanovre et Stendal.

La 2e, partant de Duisburg, passe par Paderborn, Halberstadt, Magdebourg et conduit également à Berlin.

bourg et par Rastatt.) Elles conduisent dans la plaine bavaroise.

3° La trouée du Neckar à Mannheim, prolongée par les vallées de la Jaxt, du Kocher et de la Wörnitz. Cette ligne aboutit à Donauwoerth; elle était importante, car elle permettait de tourner Ulm. Comme on le voit, cette route est la seule qui nous reste ouverte[1], mais dans quelles conditions? Nous ne pourrions pas nous y engager ayant Strasbourg sur notre flanc droit et Mayence sur notre flanc gauche; de plus, notre base d'opérations serait beaucoup trop étroite.

Et puis en admettant même que nous le fissions, nous aurions affaire en outre aux armées qui manœuvreraient dans la haute vallée du Danube en s'appuyant sur Ulm et Ingolstadt. Il faut donc renoncer à ces combinaisons que les journalistes français reproduisent encore de temps en temps, mais qui n'ont pas la moindre raison d'être à l'heure qu'il est. Elles étaient bonnes il y a vingt ans, car elles poursuivaient un but politique autant que militaire possible à atteindre à ce moment-là, mais plus maintenant. Du reste, je m'expliquerai un peu plus loin sur ce point.

Supposons, au contraire, que l'armée française

1. Il ne faut pas oublier que la ville de Mannhein, qui est un grand centre commercial, n'est pas fortifiée.

soit battue dans la première rencontre sérieuse, aux environs de Nancy par exemple, que ferons-nous? Quoique les idées soient très partagées sur ce sujet, je crois que nos troupes se répartiraient à peu près de la façon suivante :

Une armée se reformerait dans le triangle : Compiègne, la Fère, Reims. De là elle peut empêcher l'ennemi de se porter vers la Manche et vers Paris.

Une autre armée s'établirait de Dreux à Orléans, perpendiculairement à la Loire, de façon à couvrir la Bretagne.

Une autre se reformerait le long de la ligne Vierzon-Sancerre-Avallon-Semur et occuperait les hauteurs du Sancerrois, de la Puisaye et de l'Avallonnais.

La dernière, enfin, se reformant aux environs de Vesoul, occuperait la région comprise entre la haute Saône, Besançon, Dijon et Langres. Il faut remarquer que ces deux dernières armées prendraient directement en flanc l'ennemi marchant sur Paris.

Je n'ai pas l'intention de refaire le beau travail de M. Ténot ; je me contente de dire qu'avant de songer à marcher sur Paris, les Allemands devront d'abord enlever toutes les places fortes qui leur barrent la route, ou du moins les masquer par des troupes en nombre suffisant. Cela les obligera à les éparpiller et finalement ils en arriveront au point de ne plus en avoir assez pour pousser une offensive énergique dans la direction de Paris. En d'autres termes, ils se trouveront dans des conditions identiques à celles où nous serons, si nous nous décidons à passer le Rhin sans avoir préalablement enlevé un des grands camps retranchés qui protègent son cours.

D'où je conclus que, si les Allemands ne violent pas la neutralité de la Belgique, les choses se passeront de la manière suivante.

Battus sur la Moselle et sur la Sarre, ils se retirent sur Mayence, où ils se reforment. L'armée française masque Metz, se porte en avant, et vient mettre le siège devant Mayence, et c'est là que le grand drame trouve son dénouement tôt ou tard.

Vainqueurs, les Allemands mettent le siège devant une des grandes places de notre frontière ; nos armées, qui ont eu le temps de se reformer, se reportent en avant et reprennent la lutte, qui se termine également sous les murs de cette place.

J'espère bien que ce sera la première hypothèse qui se réalisera.

LA NEUTRALITÉ DE LA BELGIQUE EST VIOLÉE

L'Allemagne est très gênée par les fortifications de notre frontière. La trouée dite de la

Moselle ne la conduit à rien; celle dite de la Meuse laisse aux armées impériales un front de déploiement de 8 lieues au plus, qui est tout à fait insuffisant.

Que leur restera-t-il à faire alors? puisqu'elles voudront passer quand même ? Elles violeront la neutralité de la Belgique.

Cette neutralité a été garantie par les cinq grandes puissances européennes, savoir : l'Allemagne, l'Angleterre, l'Autriche, la France et la Russie. L'Angleterre n'est pas en état de s'opposer aux volontés de l'Allemagne, de plus elle est à la remorque de celle-ci. La Russie sera occupée de son côté, et l'Autriche également. Donc la Belgique est actuellement à la merci des entreprises de l'Allemagne et de la France. Elle s'en rend compte et c'est pour cela qu'elle va faire fortifier Liège, qui jouera un rôle considérable, car elle remplira du côté de l'Allemagne le rôle qu'Anvers joue du côté de la France. Liège formerait avec Maëstricht une très bonne ligne de défense contre l'Allemagne, si ces deux places, qui sont déjà très fortes par leur situation même, étaient transformées en grands camps retranchés. Mais Maëstricht appartient à la Hollande et est déclassée comme forteresse.

Malgré cela, Liège conserve une grande valeur. Ce camp retranché, placé de façon à couvrir les principales lignes stratégiques de la Belgique et renfermant dans ses murs une armée solide et nombreuse, constituerait un danger sérieux pour les communications de l'armée allemande.

En admettant que l'armée belge se mobilise assez rapidement pour cela[1], elle peut défendre l'accès du territoire aux Allemands, pendant un temps suffisant pour permettre à l'armée française de lui porter secours. Une fois la jonction opérée, les armées des deux pays se porteraient en avant, se dirigeant sur Juliers et Cologne. Dans toute cette région les opérations seraient bien plus faciles que sur notre frontière du nord-est.

Si les Allemands surprennent au contraire l'armée belge en flagrant délit de concentration, ils pourront s'emparer de suite de la ligne de la Meuse, tourner nos frontières du nord-est et prendre les plaines belges comme base d'opération.

J'insiste sur ce fait de la violation possible et même probable de la neutralité belge, parce que les Allemands ont tout intérêt à recourir à ce moyen. De plus l'organisation de leurs chemins de fer, dans cette région, autorise toutes les suppositions de ce genre.

Du jour où ils violeraient le territoire belge, ils disposeraient pour leur concentration de 7 lignes absolument indépendantes :

1 Elle peut atteindre le chiffre très respectable de 200 000 hommes.

1° Hambourg-Wesel-Venloo (à une voie).
2° Berlin-Hanovre-Duisburg (à deux voies).
3° Berlin-Magdebourg-Paderborn-Dusseldorf (à deux voies).
4° Leipzig-Cassel-Cologne (à deux voies).
5° Leipzig-Giessen-Coblentz-Cologne (à deux voies).
6° Francfort-Mayence-Cologne (à deux voies).
7° La ligne de l'Eifel sur Cologne (à deux voies).

Il faut dire en outre que les Allemands, considérant les chemins de fer comme leur meilleur instrument stratégique, les perfectionnent tous les jours. Ils en arriveront avant peu à relier chacun de leurs chefs-lieux de corps d'armée avec la frontière ce qui leur permettra d'accélérer considérablement leur concentration.

Nous avons de quoi nous défendre et même d'attaquer si les Allemands violent la neutralité de la Belgique.

Je ne crois pas que les armées françaises aient l'intention de violer cette neutralité, et pourtant elles y auraient aussi grand intérêt que les Allemands, car elles tourneraient de cette manière la formidable frontière du Rhin. De plus elles pourraient manœuvrer dans un pays beaucoup plus facile, pourvu de nombreuses voies de communication, riche, peuplé, etc., etc.

J'ai discuté froidement ces deux éventualités, car il est fort possible que ni l'une ni l'autre ne se présente. Car il ne faut pas compter sans l'hôte, sans l'armée belge, qui, forte de 200 000 hommes, constituerait un appoint des plus sérieux. Dans ces conditions il est probable que les deux adversaires hésiteront à violer la neutralité, sachant que par ce fait ils jetteront 200 000 hommes de bonnes troupes dans les bras de celui qui respectera le territoire belge.

DE LA NEUTRALITÉ SUISSE EN CAS DE GUERRE

L'Allemagne n'a d'intérêt à violer la neutralité de la Suisse (entre le confluent de l'Aar et le lac de Constance), qu'autant que l'Italie est son alliée. Car elle peut alors s'appuyer sur la plaine suisse pour manœuvrer entre les lacs de Genève et de Neufchâtel, de façon à prendre à revers nos défenses de la haute Saône. De plus la possession de la plaine suisse permet aux deux armées alliées de se rejoindre à travers les Alpes et de prendre l'offensive contre le bassin du Rhône, entourant les Alpes et le Jura.

Si l'Italie ne se mêle pas de la partie, l'Allemagne n'a aucun intérêt à violer cette neutralité, car elle est maîtresse des deux rives du Rhin ; elle peut donc le passer librement, où elle veut, sur son propre territoire, et prendre à revers nos défenses du Jura. De plus, elle n'a aucun intérêt à la violer entre Bâle et le confluent de l'Aar, car le pays est montagneux et difficile dans cette région, sans compter que les communications d'une armée qui passerait par là seraient très fortement menacées par Belfort, Montbéliard et aussi par l'armée suisse qui s'établirait dans la vallée de l'Aar.

La France n'a aucune raison de violer la neutralité de la Suisse; d'abord, elle se heurterait à l'armée suisse, et ensuite ses armées ne pourraient jamais aboutir que dans l'Allemagne du Sud, la Bavière. Elles auraient donc une position tout à fait excentrique par rapport à l'objectif à atteindre, la Thuringe. Je ne crois pas qu'un militaire français ait jamais songé, d'une façon sérieuse, à recourir à ce moyen.

Pour les raisons que j'ai déjà énoncées plus haut à propos de l'Allemagne, l'Italie serait peut-être la puissance la plus intéressée à violer cette neutralité.

Mais il est nécessaire de bien insister sur ce point que l'armée suisse ne peut pas être considérée comme une quantité négligeable. On dit, il est vrai, qu'elle est petite; c'est possible ! Mais 200 000 hommes bien résolus (car personne ne contestera la valeur des Suisses), appuyés à des positions défensives de premier ordre, seront capables de donner aux événements une tournure toute différente de celle rêvée par les Allemands et les Italiens[1].

Du reste, qui vivra verra !

1. Je ne parle pas de nous, car, encore une fois, nous n'avons pas le moindre intérêt à passer par la Suisse.

VII

QUELQUES MOTS SUR LA SITUATION EN ALLEMAGNE

VII

QUELQUES MOTS SUR LA SITUATION EN ALLEMAGNE

L'Allemagne forme, à l'heure qu'il est, une des puissances les plus considérables de l'Europe. Elle a 45 millions d'habitants, une armée très forte, un crédit immense. Elle dirige en ce moment toute la politique européenne, et, sous prétexte de maintenir la paix, elle oblige toutes les nations, qui tiennent à vivre, à vivre sur le pied de paix armée, c'est-à-dire à ne dormir que d'un œil et à s'épuiser en armements.

Je ne sais plus qui me disait, un jour, que si cet état de choses durait encore dix ans, l'Europe entière serait ruinée. Cela ne m'étonnerait pas. Mais, une fois ce résultat obtenu, quel bénéfice l'Allemagne en retirera-t-elle ? Je vais essayer d'élucider cette question.

L'unité allemande est basée sur deux choses (et non pas sur une, comme dit l'officier d'infanterie) : sur l'unité militaire, et surtout sur l'unité commerciale. Celle-ci repose sur les conventions du Zollverein, conventions qui ont abattu les frontières intérieures de l'Allemagne et qui ont permis aux petits États de jouir des mêmes prérogatives que les grands, au point de vue commercial bien entendu.

Les Allemands des différents petits États de l'Empire sont Allemands, il est vrai, mais ils ont conservé leurs idées particularistes malgré cela. Les Bavarois sont Allemands, il est vrai, mais avant tout ils sont Bavarois ; de même pour les Wurtembergeois, les Saxons, etc., etc. Je ne conseillerai jamais à qui que ce soit d'aller demander à un individu d'une des nationalités ci-dessus : s'il est Prussien. Il recevrait une réponse qui ne serait peut-être pas toujours très convenable. Notez bien que tous ces braves gens qui ne veulent, à aucun prix, être qualifiés de Prussiens, ne se font pas faute de nous détester malgré cela. Car s'ils détestent ceux-ci, ils nous ont en horreur.

L'homme qui avait dit à Napoléon III, qu'il détacherait les États du Sud de ceux du Nord, en pénétrant dans la vallée du Main, ne connaissait pas le moins du monde les Allemands, ou plutôt il les jugeait d'après ce qu'il avait vu en 1866.

A cette époque-là, un peu après la fin de la campagne de Bohême, les Bavarois étaient très montés contre la Prusse ; ils n'auraient pas mieux demandé que de voir la France intervenir. Et encore ne faut-il pas dire : tous les Bavarois.

Car tous ceux qui appartenaient aux couches élevées de la société étaient franchement partisans de la Prusse ; car ils sentaient que l'Allemagne avait besoin d'une puissance forte à sa tête, et que l'Autriche n'était pas dans des conditions favorables pour remplir ce rôle.

La Bavière rhénane (le Palatinat) était particulièrement bien disposée pour la France. Bien des personnes qui parcouraient les villages de cette région, étaient frappées de voir dans chaque maison un portrait de Napoléon Ier. Mais cela n'existait que dans les villages. Toutes les personnes instruites détestaient cordialement la France et réclamaient l'hégémonie prussienne.

Ces braves gens se sont empressés de faire disparaître leurs portraits, qui sont remplacés aujourd'hui par ceux de l'Empereur et de *notre Fritz*. Tout celane prouve rien, absolumentrien ; car l'Allemand est un être absolument impersonnel. On lui infuse toutes les idées, toutes les croyances que l'on veut. Un autre Napoléon reviendrait demain, vous verriez au bout de peu de temps son portrait dans les maisons du Palatinat.

Une des histoires les plus amusantes que l'on m'ait racontées au sujet de cette..... malléabilité des Allemands, est certainement la suivante :

Le jour de la bataille de Kœniggrætz,les habitants de Kehl reçoivent une dépêche leur annonçant qur les Autrichiens sont vainqueurs sur toute la ligne. Immédiatement tout le monde sort les drapeaux ; on prépare des illuminations pour le soir, etc., etc. Mais voilà que 2 ou 3 heures après arrive une autre dépêche disant que les Autrichiens sont battus à plate couture. Les braves gens de Kehl ne perdent pas leur sang-froid pour cela, et une fois la nuit arrivée ils illuminent pour célébrer la victoire des Prussiens.

Je ne crois pas qu'il soit nécessaire de faire de commentaires à ce sujet.

En dehors de cette impersonnalité, de ce manque de caractère si vous préférez, qui est commun à tous, il existe des différences très tranchées entre les Allemands du Nord et ceux du Sud, non seulement au point de vue physique mais encore au point de vue moral. Sous ce dernier rapport, ils n'ont qu'une chose de commune : c'est la haine du *Welsch*.

L'Allemand du Nord est grand, blond, il boit de l'eau-de-vie, l'Allemand du Sud est de taille moyenne, brun, ne boit pas d'eau-de-vie, mais se gorge, par contre, de bière et de vin. Le premier est porté à la douce rêverie, à la poésie, et aux spéculations de la haute métaphysique ; le deuxième est beaucoup plus pratique, il se préoccupe beaucoup plus des jouissances d'ici-bas, avec cela il est batailleur. Le premier est conservateur au point de vue politique, le second est plutôt libéral [1], cela tient probablement à ce qu'il

1. En paroles, bien entendu.

a vécu davantage au contact des Français.

Je m'aperçois, après avoir écrit ce qui précède, qu'il y a un troisième trait d'union entre les Allemands des différents États : la haine du Français. Je m'empresse de le reconnaître et surtout de le proclamer bien haut, afin de donner un avertissement à ceux de mes compatriotes qui, se laissant bien souvent emporter par un sentimentalisme aussi bête que peu fondé, disent : « Ne vous y trompez pas, ce n'est pas un Prussien ! c'est un Bavarois ou un Badois ou etc. » Tous ces gens-là se valent. Et même mieux ! Voyez donc les Allemands qui ont commis le plus d'horreurs chez nous pendant la guerre de 1870. Qui étaient-ce ? — Les Bavarois et les Badois.

Les premiers se sont couverts de gloire à Bazeilles.

Les autres à Strasbourg.

Les premiers ont massacré sans pitié tout ce qui se présentait à leurs coups, femmes, vieillards, enfants, personne ne fut épargné. Il est absolument prouvé que des enfants eurent la tête broyée contre des murs ; des femmes se sauvant de leurs maisons qui brûlaient furent rejetées dans le feu, à coups de crosse, par ces brutes. De tels actes pourraient, à la rigueur, être mis sur le compte de l'emportement du combat ; mais, une fois la lutte terminée, les vainqueurs ramassèrent tous les habitants qu'ils purent trouver et les fusillèrent sans pitié. Voilà ce qu'ont fait les Bavarois à Bazeilles !

« Non seulement je maintiens tout ce que j'ai dit dans mon Histoire de la campagne [1] de 1870-71, relativement à l'incendie de Bazeilles et aux pertes énormes subies par les Bavarois dans ce village, mais je puis affirmer que le général von der Tann sait pertinemment que sa lettre est un chef-d'œuvre de duplicité [2]. En effet, n'est-ce point lui, son état-major, la musique et un bataillon de la garde royale, qui formaient le cortège des officiers que j'ai enterrés à Bazeilles ? N'ont-ils pas tous vu comme moi, en traversant les rues de ce village, les Bavarois mettre le feu *dans la matinée du 2 septembre*, à la mairie, aux usines et aux maisons qui n'étaient point encore brûlées ? N'ont-ils pas tous vu comme moi, dans cette même matinée, les groupes d'hommes, de femmes et de soldats qu'on allait fusiller du côté de la Meuse et de Remilly ?

» Dans la 4e édition que je prépare de mon livre,

1. Extrait de la lettre adressée à la *Allgemeine Zeitung*, le 21 juillet 1871, par l'abbé Domenech, aumônier de la 2e ambulance du 12e corps.

2. Le général von der Tann avait envoyé, au mois de juin 1871, à l'*Allgemeine Zeitung* (d'Augsbourg), une lettre dans laquelle il cherchait à justifier les Bavarois de toutes les atrocités qu'ils avaient commises. M. l'abbé Domenech lui répondit par une lettre accablante, dont j'ai fait l'extrait ci-dessus, et dans laquelle il dit aussi qu'un officier bavarois devint fou à la suite des horreurs qu'il avait vu commettre par ses compatriotes.

j'espère citer les noms de seize soldats de l'infanterie de marine, qui ont été fusillés avec le lieutenant Vatrin et le sous-lieutenant Chevalier, qui s'étaient rendus après avoir épuisé leurs munitions et ne pouvant plus se battre.

» Je citerai bien d'autres assassinats de ce genre et si le général tâche de se laver les mains de tout le sang répandu en dehors des lois de la guerre, je lui dirai :

« Général, mettez des gants car le sang restera sur vos mains, comme il reste sur votre conscience si vous en avez une. »

Pour ma part, je ne puis qu'applaudir au mâle langage de M. l'abbé Domenech, j'espère que mes lecteurs seront du même avis.

Voyons maintenant les Badois. Ceux-ci chantaient comme les autres en 1870 : « O Strassburg! O Strassburg! etc., etc. » Cela ne les empêcha pas de bombarder cette ville en vrais sauvages. Ils incendièrent la cathédrale, la bibliothèque qui renfermait tant d'ouvrages précieux, et plus de 400 maisons. 300 habitants furent tués et plus de 1700 blessés. C'était une manière comme une autre de montrer à la population strasbourgeoise combien l'on tenait à la faire rentrer dans le vieux giron allemand.

Il n'y a rien de bien intéressant à dire sur les Wurtembergeois ; ils ont pris part à la guerre de 1870 et nous ont fait tout le mal qu'ils ont pu.

On se demandera peut-être pourquoi je fais

cette longue digression. Eh bien! je veux prémunir, avant tout, les Français contre les idées qu'ils se font sur le compte de tous ces gens-là. Croyez bien, mes chers compatriotes, que ces Allemands du Sud nous détestent cordialement; ils n'aiment pas les Prussiens, c'est vrai, mais ils leur prêteront toujours de bon gré leur concours, chaque fois qu'il s'agira de taper sur nous.

Donc rayez bien de vos papiers toutes les idées ridicules, que partagent encore bien des gens, touchant les différentes catégories d'Allemands. Quand il est question de la France, il n'y a plus ni Allemands du Nord, ni Allemands du Sud, il n'y a que de fidèles sujets de l'Empire, prêts à nous tomber dessus *unguibus et rostro*. Il n'est du reste pas admissible que l'on se fasse encore des illusions sur ce sujet; on devrait pourtant se rappeler la conduite des Wurtembergeois, des Saxons et des Bavarois en 1813.

Nous avons toujours été les dindons de la farce, dans toutes les circonstances où nous avons fait de la générosité et du sentiment. L'Italie est en train de nous le prouver en ce moment. Nous vivons à une époque où l'on est pratique, c'est-à-dire où l'on ne fait du sentiment que lorsque l'on est sûr de ne pas nuire à ses propres intérêts matériels. Et les pays où l'on fait encore du sentiment sans se préoccuper des considérations matérielles, sont sûrs de se faire *rouler*. C'est fortement le cas de la France.

Pour en revenir à ce que je disais plus haut, l'unité commerciale ou plutôt le Zollverein fait la principale force de l'Allemagne. Le gouvernement, qui est essentiellement protectionniste, favorise essentiellement le commerce, de sorte que les petits États font des affaires bien plus considérables que dans le temps. Par suite, ils comprennent le service qui leur a été rendu par la reconstitution de l'Empire, et ils font tout leur possible pour le soutenir.

Que résultera-t-il de tout cela? La Prusse, qui a bon estomac, finira par absorber tous ces petits royaumes; elle est du reste parfaitement secondée, en cela, par les circonstances. En Bavière le roi est fou, en Wurtemberg le monarque n'a pas d'enfants, en Saxe non plus, et le grand-duché de Bade est déjà prussien aux trois quarts. — Mais, encore une fois, que ces États soient englobés dans la Prusse, ou qu'ils fassent seulement partie de l'Empire allemand, le résultat est le même pour nous. Nous aurons beau être vainqueurs, nous n'arriverons à disloquer l'Empire allemand que par force, car l'intérêt forme un ciment qui unit étroitement tous ces pays entre eux.

Quant à l'unité militaire, elle existe, c'est évident. L'officier d'infanterie l'a fait ressortir d'une façon convenable ; et elle continuera à subsister même si l'armée allemande vient à être battue.

Et c'est très facile à comprendre : les officiers des petits États ne voudront jamais renoncer aux grands privilèges qui leur ont été accordés à partir du jour où la Prusse a pris la direction des affaires militaires. Il faut d'ailleurs avouer qu'ils auraient tort d'agir autrement, car ce serait aller contre leurs propres intérêts. Cette unité-là, il faudra donc également la briser, et nous ne pourrons le faire que si nous sommes les plus forts.

J'ai entendu répéter bien souvent que l'Empire avait un ennemi puissant dans le socialisme. Je n'en crois pas un mot; les socialistes allemands, qui sont très fougueux dans les pays où existe la liberté de réunion, sont très calmes en Allemagne, car ils savent qu'au moindre écart de langage ils seront coffrés. Je suis convaincu qu'il se passera encore bien des années, avant qu'ils fassent quelque chose de sérieux. Toutefois je ne demande pas mieux que de me tromper, car personne ne travaillera jamais plus qu'eux dans notre intérêt.

En somme, l'Allemagne peut être divisée à l'intérieur par des questions de clocher, mais elle forme un ensemble bien uni, bien compact, chaque fois qu'il est question de la France.

C'est là ce que j'ai voulu démontrer et rien de plus.

Reste à savoir ce qu'elle fera quand toute l'Europe sera ruinée. Mais je crois qu'elle le sera également ! Car du jour où les autres n'auront plus d'argent, elle n'en aura plus non plus : elle n'aura pas même la ressource de pouvoir faire vivre ses habitants ; son territoire est, en majeure partie, pauvre. Elle n'a pour ainsi dire que son commerce qui la fasse vivre ; or, pour que le commerce aille, il faut que les gens aient de l'argent. Il n'y a pas à sortir de là.

Les journaux d'outre-Rhin vont criant à tous les échos que c'est la France qui pousse à la guerre. Allons donc ! tas de farceurs lugubres ! C'est vous qui la voulez ! C'est vous qui y poussez ; car vous êtes seuls cause des armements en Europe.

Vous vous étiez trompés dans vos calculs en 1871 ; vous croyiez abattre la France pour cinquante ans. Et maintenant que vous reconnaissez votre erreur, vous voudriez la réparer, sachant que le jour où nous aurons un gouvernement solide, nous vous casserons les reins, comme nous l'avons déjà fait en 1806, mais d'une façon plus radicale.

Croyez-vous qu'une seule personne à l'étranger soit dupe aujourd'hui de vos affirmations hypocrites ? Vos hommes d'État se lèvent tous les matins en disant : « Ce n'est pas nous qui voulons la guerre, c'est la France. Profitons-en pour demander 10 régiments d'infanterie de plus, ou 60 batteries, ou, etc. etc. »

Nous avons eu un ministre de la guerre qui a a eu le courage de prétendre que : « charbonnier est maître chez lui. » Vous ne l'avez pas manqué. Tant s'en faut ! — C'est à lui que vous avez réservé tous vos hoquets. Il est tombé, il reviendra ou il ne reviendra pas, mais en tout cas vous n'échapperez pas à votre sort, bientôt je l'espère

VIII

NOTES DÉTACHÉES

VIII

NOTES DÉTACHÉES

CHEMINS DE FER

Je n'ai indiqué, au chapitre *Chemins de fer*, que les lignes devant jouer un rôle sérieux sous le rapport de la concentration. Mais, en prévision des critiques que certaines personnes pourraient adresser à mon travail, je m'empresse d'ajouter ici que les Allemands ont relié avec les grandes artères de la plaine presque tous les points de passage importants des Vosges :

1° Ligne de Cernay à Mulhouse.
2° — — Wesserling à Mulhouse (col de Bussang)
3° — — Munster à Colmar (col de la Schlucht)
4° — — Sainte-Marie-aux-Mines à Schelestadt (col de Sainte-Marie).

Mais aucune de ces lignes n'a d'importance au point de vue stratégique :

POSITIONS DE LA HAUTE ALSACE ET DE LA LORRAINE ALLEMANDE

J'ai dit plus haut que les Allemands disposaient de très belles positions défensives dans la haute Alsace (Altkirch) et dans la Lorraine allemande (sur la Seille, la Nied et la Sarre). Nulle part ils n'ont fait de travaux, ils les réservent probablement pour le dernier moment, quand ils seront fixés sur la direction de l'offensive française.

AMÉNITÉS PRUSSIENNES

M. Celticus, qui a tant de reproches à faire aux officiers français ne connaît probablement pas tout ce qui se passe dans son pays. A-t-il connaissance de ce qui vient de se passer il y a trois jours à Mulhouse [1]? Et quelle serait son opinion dans ce cas ?

« Un tourneur du nom de Bossemayer, âgé de vingt ans, sortait d'une brasserie, dans un état d'ivresse manifeste. Il eut le malheur de heurter un officier qui venait à sa rencontre. L'officier lui donna un soufflet. Bossemayer ayant fait mine de lever la main sur lui, le lieutenant tira son sabre et asséna au malheureux ivrogne un coup qui lui fendit le crâne et lui coupa deux doigts de la main droite. Le tourneur a été arrêté (c'est un comble !), puis trans-

1. Le 25 décembre 1887.

porté à l'hôpital. On croit qu'il ne mourra pas des suites de sa blessure, mais il lui sera impossible d'exercer à l'avenir son métier. »

En France on aurait arrêté l'officier ; mais pour dire la vérité : *nous n'avons plus de juges de Berlin*, Dieu merci !

Cette pauvre ville de Mulhouse a, du reste, une chance toute particulière sous le rapport de la garnison. Il y a quelques années, deux sous-lieutenants, logés à la caserne neuve de cette ville, s'amusaient..... vous ne devineriez pas à quoi ? Eh bien, ces petits jeunes gens s'amusaient à tirer avec un Flobert sur tous les troupiers qui traversaient la cour de cette caserne.

Voilà encore un plaisir ignoré chez nous. Les officiers français, c'est Celticus lui-même qui le dit, ne visent que le plancher des cafés, en crachant. C'est moins intelligent peut-être, mais plus inoffensif à coup sûr.

GARNISONS ALLEMANDES EN ALSACE

Celticus termine traîtreusement son livre, en énumérant, d'une façon plus ou moins exacte, les garnisons françaises sur la frontière de l'Est, et en disant que, malgré cela, l'Allemagne peut dormir tranquille. Parbleu ! je le crois facilement. Elle a trois fois plus de monde que nous de ce côté-là.

Pour que personne n'en ignore, je vais énumérer régiment par régiment les troupes allemandes qui peuvent être concentrées en vingt-quatre heures sur notre frontière, aussi bien sur les Vosges que sur la ligne Thionville-Sarrebourg (Rieding.)

Elles se composent du 15e corps (Alsace), du 14e corps (badois), du 8e corps (Coblentz).

Commençons d'abord par le 15e corps.

15e corps d'armée

Quartier général : Strasbourg.

30me division [1]. Metz.

59e brigade d'infanterie. Metz.

98e d'infanterie } Metz
130e d'infanterie }

60e brigade d'infanterie. Metz.

131e d'infanterie. Metz.
135e d'infanterie. Thionville.

31e division. Strasbourg.

61e brigade d'infanterie. Strasbourg.

25e régiment d'infanterie } Strasbourg
138e — — }

62e brigade d'infanterie. Haguenau.

60e régiment d'infanterie Wissembourg (2me bataillon à Bitche).

137e — — Strasbourg (1er bataillon à Haguenau).

1. Les régiments de cette division, ainsi que ceux de la 31e, sont à 3 bataillons.

Non embrigadé :

126e régiment d'infanterie (wurtembergeois) Strasbourg.

Brigade d'occupation bavaroise. Metz.

4e régiment d'infanterie bavarois [1] } Metz
8e — — — }

33e division d'infanterie. Strasbourg.

65e brigade d'infanterie. Metz.

67e régiment d'infanterie. Metz.
136e — — Dieuze.

66e brigade d'infanterie. Strasbourg.

97e régiment d'infanterie. Sarrebourg.
99e — — Strasbourg (3e bataillon Phalsbourg).
105e — — (Saxon) Strasbourg.

Division de cavalerie. Metz.

30me brigade de cavalerie. Metz.

6e régiment de dragons [2]. Thionville.

Uniforme : tunique bleu clair avec col et pattes d'épaules noirs, culotte gris noir avec passepoil rouge. Casque en cuir bouilli avec pointe et garnitures en cuivre.

9e régiment de dragons. Metz.

Uniforme : le même que celui des précédents sauf le col de la tunique et les pattes d'épaules qui sont blancs.

13e régiment de dragons. Metz.

1. Ces deux régiments sont à trois bataillons chacun.
2. Ne pas oublier que ces régiments sont à 5 escadrons sur le pied de paix.

Uniforme : comme ci-dessus, sauf les pattes d'épaules et le col qui sont rouges (écarlate).

14e régiment de ulans. Saint-Avold et Faulquemont.

Uniforme : petite tunique (Ulanka) à deux rangées de boutons, avec plastron, col et épaulettes rouge foncé. Culotte noir gris avec passepoil rouge. Czapka noir.

31e brigade de cavalerie. Strasbourg.

15e régiment de dragons. Haguenau.

Uniforme comme celui des dragons déjà cités, sauf les pattes d'épaules et le col qui sont de couleur chair.

7e régiment de ulans. Sarrebourg.

Uniforme comme celui des ulans déjà cités : sauf le col, le plastron et le champ des épaulettes, qui sont rouges (écarlate).

15e régiment de ulans. Strasbourg.

Uniforme comme celui des précédents, sauf le col, le plastron et le champ des épaulettes, qui sont jaunes (jonquille).

En outre de cela, le corps d'armée comprend :

Le 8e bataillon de chasseurs à pied [1]. Saverne.

1. La tenue des chasseurs à pied se distingue de celle des fantassins (que tout le monde connaît), par la tunique qui est vert foncé ; de plus ils portent un shako en cuir bouilli, au lieu du casque.

Le 15e bataillon de pionniers. Strasbourg.
Le 16e — — — Metz.
Le 15e bataillon du train. Strasbourg.

Artillerie

15e brigade d'artillerie de campagne. Strasbourg.
15e régiment. Strasbourg [1].
31e régiment. Haguenau (2e abtheilung à Metz).

Artillerie à pied. (4e inspection). Metz.

10e régiment d'artillerie à pied (2 bataillons). Strasbourg.
12e — — — [saxon] (2 bataillons). Metz.
2e — — — [bavarois] (1 bataillon). Metz

Voilà les troupes faisant partie du 15e corps. Mais il y en a encore d'autres stationnées sur son territoire.

Ce sont :

Le 112e régiment d'infanterie (badois) (à 4 bataillons, dont le 1er le 2e et l'état-major sont à Colmar, le 3e à Schelestadt et le 4e provisoirement à Rastatt). Ce régiment fait partie de la 57e brigade d'infanterie, dont l'état-major est à Fribourg en Brisgau.

Le 113e régiment d'infanterie dont le 4e bataillon est à Neuf-Brisach (les 3 premiers sont à Fribourg en Brisgau). Il fait également partie de la 57e brigade d'infanterie.

58e brigade d'infanterie. Mulhouse.

117e régiment d'infanterie [badois] (à 4 bataillons) Mulhouse

1. Chacun de ces 2 régiments est à 3 abtheilungen de 3 batteries (de 6 pièces) chacune.

114e régiment d'Infanterie [badois] (à 4 bataillons, dont le 4e est à Mulhouse et les 3 premiers à Constance).

Inutile de dire, je pense, que ces deux brigades qui forment la 29e division d'infanterie, dont l'état-major est à Fribourg, peuvent être réunies tout entières en Alsace, en moins de douze heures.

Cavalerie.

14e régiment de dragons [badois]. Colmar.

Uniforme comme celui des autres dragons, sauf le col et les pattes d'épaules qui sont noirs. Il se distingue de celui du 6e régiment par les passe-poils du col et du devant de la tunique, qui sont blancs.

5e régiment de chevau-légers [bavarois] Sarreguemines (4 escadrons).

Uniforme : tunique vert foncé avec plastron et pattes d'épaules rouge écarlate. Culotte vert foncé. Casque en cuir bouilli avec pointe et garnitures en cuivre.

Artillerie.

L'abtheilung à cheval (de trois batteries) du 30e régiment d'artillerie de campagne (badois) à Neuf-Brisach et celle du 8e à Metz.

Artillerie à pied.

Le 14e bataillon. Neuf-Brisach (4e compagnie à Neuf-Brisach. 1re, 2e et 3e à Rastatt).

Le 8e régiment d'artillerie à pied [2 bataillons] à Metz (moins une compagnie détachée à Thionville).

Cela fait que les troupes stationnées sur le territoire du 15e corps d'armée se montent à :

59 bataillons d'infanterie [1].
44 escadrons de cavalerie.
24 batteries d'artillerie de campagne [2].
7 bataillons et 1 compagnie d'artillerie à pied.
2 bataillons de pionniers.
1 bataillon du train.

Pour être complet, il faut encore ajouter aux chiffres ci-dessus, les régiments de landwehr du 15e corps, savoir :

Le 128e régiment de landwehr	1er bataillon.	Thionville.
	2e —	Sarrebourg.
Le 129e — — —	1er —	Sarreguemines
	2e —	Haguenau.
Le 130e régiment de landwehr	1er bataillon.	Molsheim.
	2e —	Schelestadt.
Et le 131e — — —	1er —	Colmar.
	2e —	Altkirch.

Celticus, parlant des troupes françaises de la frontière, dit qu'elles sont à effectif renforcé ; il

1. Dont 1 de chasseurs à pied.
2. Dont 6 à cheval.

n'ignore pas, je suppose, que celles du 15e corps le sont aussi[1].

Mais ce n'est pas tout, cela, car la division du territoire allemand en régions de corps d'armée est toute différente de celle qui a été adoptée chez nous. L'inspection de la première carte venue suffit pour nous en convaincre. De Longwy à Belfort nous avons deux corps d'armée, les Allemands n'en ont qu'un, mais remarquez bien la forme qu'il a.

Le 6e corps français a une largeur minimum de 140 kilomètres; celle du 15e corps allemand est de 50 kilomètres. A la face est de celui-ci viennent aboutir le 8e corps prussien (quartier général à Coblentz), le 11e corps prussien, le 2e corps bavarois[2], le 14e corps (badois) et à 50 kilomètres plus à l'est nous trouvons encore le 13e corps (wurtembergeois) et plus en arrière le 1er corps bavarois (quartier général à Munich).

8e corps d'armée prussien.

Ce corps d'armée a comme troupes touchant immédiatement au 15e :

La 16e division d'infanterie. Trèves.

31e brigade d'infanterie. Trèves.

29e régiment d'infanterie	Trèves.
69e — —	

1. Elles ont 175 hommes par compagnie d'infanterie, 150 sabres par escadron et autant d'hommes par batterie.

2. En partie seulement, comme on verra un peu plus loin.

32e brigade d'infanterie. Sarrebruck.

30e régiment d'infanterie. Sarrelouis.
70e régiment d'infanterie. Sarrelouis [1].

Cavalerie.

16e brigade de cavalerie.

7e régiment de dragons. Sarrebruck.

Uniforme comme les autres dragons, sauf les pattes d'épaules et le col qui sont de couleur chair.

9e régiment de hussards. Trèves.

Uniforme : dolman bleu clair avec brandebourgs jaunes, culotte noire à passepoil jaune. Colback en peau noire avec flamme bleu clair.

Artillerie.

8e régiment d'artillerie de campagne. Sarrelouis.
1re abtheilung (4 batteries). Sarrelouis.
2e — (4 batteries). Juliers.
3e — (3 batteries à cheval). Metz [2].

Les autres troupes du corps d'armée se trouvent réparties plus loin, entre les garnisons de Cologne, Coblentz, Deutz et Bonn ; elles ne se trouvent donc pas au contact immédiat du 15e corps.

11e corps prussien.

Ce corps n'a que très peu de troupes à proxi-

1. Les 4 régiments de cette division sont à 3 bataillons chacun.
2. Pour mémoire.

mité du 15e corps, à peine deux bataillons (1 à Hombourg et 1 à Worms). Je ne m'occuperai donc pas de lui.

2e corps bavarois. (Quartier général Würzbourg).

Il n'aboutit au 15e corps que sur un front assez étroit; toutefois on trouve à proximité :

La 8e brigade d'infanterie. Spire.

17e régiment d'infanterie [3 bataillons]. Germersheim.
18e régiment d'infanterie — 1er et 3e bataillons à Landau, 2e à Deux-Ponts.

Artillerie de campagne.

2e abtheilung (4 batteries) du 2e régiment. Landau.

Artillerie à pied.

2e bataillon du 2e régiment à pied. Germersheim [1].

Pionniers.

2e bataillon. Spire et Germersheim.

14e corps (badois).

28e division d'infanterie. Carlsruhe.
55e brigade d'infanterie. Carlsruhe.

109e régiment d'infanterie [3 bataillons]. Carlsruhe.
110e — — — 1er et 3e bataillons. Mannheim, 2e Heidelberg.

56e brigade d'infanterie. Rastatt.

22e régiment d'infanterie. Rastatt.
111e — — 1er et 2e bataillons à Rastatt et 3e à Durlach.

1. Pour mémoire : le 1er bataillon de ce régiment est à Metz.

29e division d'infanterie. Fribourg-en-Brisgau.

57e brigade d'infanterie. Fribourg.

113e régiment d'infanterie. 1er, 2e et 3e bataillons. Fribourg[1]
112e — — 4me bataillon à Rastatt.

58e brigade d'infanterie.

114e régiment d'infanterie. 1er, 2e, 3e bataillons. Constance[2]

28e brigade de cavalerie. Carlsruhe.

20e régiment de dragons. Carlsruhe et Durlach.

Uniforme comme celui des autres dragons. Col et pattes d'épaules écarlates. Ces dernières portent la couronne grand-ducale en drap jaune.

22e régiment de dragons. Mannheim et Schwetzingen.

Uniforme : comme ci-dessus. Col et pattes en drap noir.

29e brigade de cavalerie. Fribourg-en-Brisgau.

21e régiment de dragons, Rastatt et Bruchsal[3].

Uniforme : comme ci-dessus. Col et pattes d'épaules jonquille.

14e brigade d'artillerie de campagne. Carlsruhe.

14e régiment d'artillerie de campagne (3 abtheilungen de 3 batteries chacune, et dont une à cheval). Carlsruhe et Gottesaue.

1. Le 4e est à Neuf-Brisach.
2. Le 4e est à Mulhouse.
3. Le 14e dragons, qui est le 2e régiment de cette brigade est à Colmar.

30e régiment d'artillerie de campagne. Rastatt (1re et 3e abtheilung de 3 batteries chacune) [1].

14e bataillon d'artillerie à pied.

3 compagnies à Rastatt [2].

14e bataillon de pionniers. Kehl.

14e bataillon du train. Carlsruhe et Gottesaue.

Ce qui nous donne encore une fois un appoint de :

37 bataillons d'infanterie.
25 escadrons de cavalerie.
27 batteries.
1 bataillon et 3 compagnies d'artillerie à pied.
2 bataillons de pionniers et
1 bataillon du train.

En ajoutant ces chiffres aux précédents, nous voyons que, le jour même de la déclaration de guerre, les Allemands pourront avoir en Alsace :

96 bataillons d'infanterie.
69 escadrons de cavalerie.
51 batteries.
9 bataillons d'artillerie de forteresse.
4 bataillons de pionniers et
2 bataillons du train.

Je ne suis pas étonné du tout que Celticus ne craigne rien dans ces conditions-là.

1. Pour mémoire : 2e abtheilung [3 batteries] Neuf-Brisach.
2. Pour mémoire : 4me compagnie à Neuf-Brisach.

Je ne pousserai pas mon étude plus loin, il me suffit de dire que les Allemands pourront avoir une quantité énorme de troupes, sur notre frontière, peu de jours après la déclaration de guerre. Malgré cela je ne pense pas qu'il y ait là de quoi nous effrayer outre mesure.

S'ils viennent chez nous, ils trouveront à qui parler; si au contraire nous allons chez eux, ils n'auront qu'à bien se tenir.

UN MOT A PROPOS DE LA MÉLINITE

Dans les premiers temps où il fut question de la mélinite, les Allemands ne surent comment se moquer de nous. Chaque jour leurs journaux produisaient un nouveau canard sur le compte de cet explosif pour rire, les organes militaires les plus sérieux prirent part à toutes ces farces. Il s'est même trouvé un savant professeur d'outre-Rhin qui, ayant consciencieusement étudié la mélinite, en arrivait à faire communiquer ce qui suit à la Gazette de Cologne :

« Le docteur Scheibler, professeur de chimie à Berlin, a fait part, au ministère de la guerre, de la composition de la mélinite, à un moment où personne ne la connaissait encore. Il a envoyé en même temps à la commission royale d'expériences (de l'artillerie) différents échantillons de mélinite. Le professeur Scheibler a constaté au cours de ses expériences, que ce produit se décompose tout seul au bout d'un certain temps, et qu'il dégage du bioxyde d'azote et de l'acide hypoazotique. Par conséquent la mélinite est impropre aux usages de la guerre. M. le professeur Scheibler pense en outre que le coton-poudre contenu dans cet explosif (Hexanitrocellulose) doit se transformer au bout de peu de temps en *sucre*. Pauvres Français ! ce n'était pas la peine de dépenser une centaine de millions pour arriver à charger vos obus avec du sucre ! »

Je ne sais rien de la mélinite, absolument rien. Du reste, en saurais-je quelque chose, que je n'en dirais rien, d'abord par patriotisme et ensuite parce que je suis assez naïf pour croire qu'un homme comme M. le docteur Scheibler, professeur de chimie à l'université de Berlin, est incapable de se tromper dans une analyse chimique.

Mais une chose me frappe, c'est que les Allemands ayant été informés de la composition de cet explosif sucré, aient pris des précautions si énormes contre lui. Pourquoi ces monstrueuses couches de béton de ciment, ces montagnes de sable dont ils recouvrent leurs forts de Metz, de Strasbourg, etc., etc ?

Se méfieraient-ils de la science du Herr doctor professor ? Ce doute est au moins injurieux pour lui. Si j'étais à sa place, je bouderais ces artilleurs incrédules et je leur refuserais à l'avenir le secours de ma science.

Ou bien, le Herr doctor professor a-t-il fait une de ces immenses gaffes, ou simplement une fumisterie de la taille du serpent du *Constitutionnel* ? Encore possible ! Les Allemands sont économes de leurs fonds publics, je ne les crois pas capables de faire des dépenses aussi considérables pour préserver leurs forts contre des projectiles remplis de sucre. Il me vient donc à l'idée que M. Scheibler s'est mis le doigt dans l'œil et qu'il a confondu les obus en forme de *pains de sucre* avec des obus chargés avec du *sucre*. Il a pris le Pirée pour un port.

Une autre fois le Herr doctor fera bien de mettre ses lunettes de grande tenue (*Parade-Brillen*). En France on le tuerait sous le ridicule ; en Allemagne sa réputation n'a eu à souffrir de rien.

Je commence à croire qu'il y a des pays où l'on est encore plus gobeur que chez nous.

A ce propos il me revient une petite histoire, qui n'a d'ailleurs rien à voir avec la mélinite, mais dont un savant allemand a été la victime chez moi, ou plutôt chez mes parents. C'était pendant la guerre de 1870, nous avions à loger un brave réserviste (bavarois), qui avait cru bon dès le premier moment d'informer mes parents qu'il était *doctor philologiæ* et en même temps *privat-docent*. Notre accueil n'en fut pas plus chaleureux pour cela. Ce brave officier de réserve passait tout le temps qu'il n'était pas obligé de consacrer aux exercices, à ramasser des cailloux, qu'il classait méthodiquement. Un jour qu'il venait de faire un tour de promenade dans le jardin qui entoure la maison de mes parents, nous le voyons revenir portant d'un air mystérieux un objet de dimensions assez considérables, qu'il dissimulait sous sa capote. Sachant qu'il n'y avait pas de pendules au jardin, nous n'étions pas inquiets, mais nous ne laissions pas que d'être fortement intrigués.

Quel pouvait bien être cet objet précieux ? — C'était difficile à savoir, car personne, sauf son ordonnance, ne pouvait pénétrer dans sa chambre. — Il y avait quatre mois et demi que la guerre durait, nous étions loin du théâtre des opérations ; malgré cela, notre brave homme couchait toujours son sabre au clair déposé sur la table de nuit entre deux revolvers, l'un de grand et l'autre de petit calibre[1].

Notre homme était devenu tout rêveur ; il perdait l'appétit (détail très grave chez un Allemand). Le temps passait toujours et notre pauvre (c'est une manière de dire) réserviste ne se remettait pas de sa mélancolie.

Mais voilà qu'un beau jour il arriva tout frin-

1. C'est son ordonnance qui confia cela à notre bonne, dans un jour d'expansion.

gant, je croyais qu'il allait nous embrasser tous tant que nous étions : « Monsieur Peter, dit-il à mon père, j'ai fait une découverte extraordinaire[1]. J'ai trouvé dans un coin du jardin, près du grand figuier, des débris de tous genres et parmi eux un vase de forme antique avec une inscription latine. Vous concevez si cela m'a bouleversé ! Il a été admis jusqu'à présent que les premières faïences datent du IXme siècle; et voilà que j'en trouve une qui est incontestablement d'origine romaine ! »

Si l'Allemand avait été étonné de sa découverte, nous l'étions encore bien plus que lui, car nous ne nous étions jamais doutés de l'existence de ce précieux dépôt. Nous faisions mille réflexions, à ce sujet, pendant que notre garnisaire était remonté, dans sa chambre, chercher l'objet en question.

Au bout d'un instant il reparut portant triomphalement une espèce de pot en faïence blanche semblable à ceux dans lesquels les fabricants de moutarde de Dijon ont l'habitude de renfermer le produit qui a fait leur fortune et la gloire de leur ville. Mais le pot en question avait un petit air vieillot, qui ne lui allait pas mal. Sur la partie cylindrique, aux deux tiers de la hauteur, on voyait quatre signes cabalistiques représentant

1. Cette histoire est absolument authentique. Prière de ne pas croire que je l'ai imitée de la fameuse scène du lacrymatoire de la décadence (La *Grammaire*. LABICHE).

assez grossièrement les quatre lettres : M.J.D.D.

Cette inscription avait causé bien des insomnies à ce brave doctor ; mais il avait finalement surmonté toutes les difficultés qu'elle lui opposait. On ne saurait rendre l'air de triomphe avec lequel il dit à mon père : « Vous ne savez pas ce que cela veut dire, ces quatre lettres, n'est-ce pas, Monsieur Peter ; oui, vous autres Français, vous ne vous occupez que des *modernités*, l'antiquité vous laisse froids. Eh bien, ces quatre lettres qui n'ont l'air de rien, veulent dire tout simplement : *Maximo Jovi Deorum Deo*, Au très grand Jupiter dieu des dieux. »

Notez qu'il débitait cela avec un tel accent de conviction que nous commencions à croire cette histoire ; toutefois un pli imperceptible aux lèvres de mon père me fit voir qu'il y avait anguille sous roche. Quand notre archéologue fut parti pour commencer le mémoire qu'il se proposait d'envoyer à Berlin, au sujet de sa découverte, mon père que je n'ai pas souvent vu rire, fut pris d'un accès d'hilarité comme on n'en a généralement que lorsqu'on perd sa belle-mère (*perdre* est encore une manière de parler).

« Faut-il être bête ! Pauvre garçon ! Mais cette inscription ne veut pas dire autre chose que : Moutarde Jaune De Dijon. Enfin laissons le faire son mémoire ; nous avons bien le droit de rire des Allemands, puisque nous ne pouvons leur faire autre chose en ce moment. »

Quelques jours après, arrivait l'armistice, notre garnisaire partit et nous n'eûmes d'ailleurs plus jamais de ses nouvelles. Peut-être a-t-il envoyé son mémoire, et enseigne-t-on, à l'heure qu'il est, en Allemagne, que les Romains connaissaient la faïence peinte ? Si oui, c'est à notre pot de moutarde qu'en revient l'honneur.

Je prie M. le privat-docent N... de ne pas m'en vouloir d'avoir raconté la petite histoire dont il a été le héros. Il y a dix-sept ans que cela a eu lieu; comme c'est déjà loin! Peut-être M. N... a-t-il été rejoindre les adorateurs du dieu de son pot ? Que la terre lui soit légère dans ce cas.

A PROPOS DE L'ESPIONNAGE PRUSSIEN EN FRANCE

Les journaux allemands nous accusent assez volontiers d'avoir une idée fixe au sujet de l'espionnage et de considérer comme espion tout Allemand qui vient en France.

Mais pourquoi ne l'aurions-nous donc pas, cette idée? Est-ce que nous sommes dans le faux en portant ce jugement sur tous ces individus plus ou moins myopes que l'on voit fouiner dans tous les endroits où l'on fait quelque chose de nouveau, aussi bien sous le rapport militaire que sous le rapport commercial ?

La *Gazette de Cologne* et différents autres organes gallophobes ont exprimé d'une façon assez bizarre leurs opinions à ce sujet.

« Comment! vous avez une loi sur l'espionnage depuis bientôt deux ans et vous n'avez pas encore pris un espion ? Mais vous ne pouviez pas mieux prouver que l'espionnage allemand n'existe pas en France! C'est vous, Français, qui venez espionner ce que nous faisons. Et la preuve : c'est que nous arrêtons et condamnons vos agents. »

Evidemment le raisonnement paraît absolument juste au premier abord; mais enfin, quand on est un peu au courant des choses, on n'en est pas dupe. Je n'ai pas l'intention de revenir sur l'histoire du colonel saxon (en retraite) qui fut arrêté au ballon de Servance; tout le monde la connaît et a son opinion faite à ce sujet. Celle des étrangers qui tentèrent de corrompre un chasseur à pied, à Lyon, n'a jamais été connue entièrement. Peut-être apprendrons-nous quelque chose à la suite de l'instruction ouverte à propos de l'affaire de Nice ?

Enfin, n'importe quel officier ayant été en garnison dans l'Est ou dans le Nord-Est pourrait donner des détails intéressants sur ce chapitre.

Et pourtant, il y aurait un moyen bien simple de couper court à cet espionnage allemand, ce serait de renvoyer de l'autre côté du Rhin tous ces caissiers, correspondants de journaux, etc.

On me dira que les Allemands procéderont de même à l'égard des Français qui se trouvent chez eux. Cette objection est ridicule, car nous n'avons certes pas un Français en Allemagne pour 100 Teutons en France.

Voyez à Paris (200 000 Allemands) et à Berlin (à peine 1500 Français).

Et puis, somme toute, qu'on fasse ce qu'on voudra, je m'en lave les mains.

LE SOUS-OFFICIER ALLEMAND

L'officier d'infanterie dit dans l'ouvrage que j'ai déjà cité à maintes reprises :

« Le sous-officier prussien est un type à part, que l'on ne trouve actuellement dans aucun autre pays; il est sous-officier de profession. Il sait, dès le jour de son entrée au service, qu'il ne pourra jamais dépasser le grade de sergent-major , mais il sait aussi que, le jour où il sera en possession de ce grade, il aura une petite aisance (le feldwebel est presqu'aussi bien payé qu'un lieutenant) ; il sait de plus qu'il sera estimé de ses chefs et respecté par ses soldats.

» Il sait en outre, que le jour où il sera fatigué du service militaire, il aura droit à une bonne pension ou à un emploi civil bien rémunéré.

» Il prend son métier à cœur, il montre un zèle remarquable qui est du reste encore stimulé par la grande initiative que lui laissent ses chefs, il arrive à devenir un véritable virtuose dans son genre. Il est tellement emporté par son sujet, qu'il se laisse entraîner à des voies de fait envers les hommes, mais je crois qu'il faut attribuer cela à son fanatisme et non à des instincts brutaux.

» Le corps d'officiers constitue une classe dans la nation, les sous-officiers en constituent une autre. Si les premiers sont considérés comme l'aristocratie intellectuelle et morale, je n'hésiterai pas à appeler les seconds l'aristocratie professionnelle. »

Tout cela est très joli, malheureusement ce ne sont que des phrases et rien de plus !

Le sous-officier allemand peut être très fanatique de son métier, je ne dis pas le contraire, mais il est, à coup sûr, d'une brutalité révoltante. On sait que la presse ne jouit pas d'une grande liberté en Allemagne; malgré cela, elle pousse quelquefois un cri de détresse, quand les sous-officiers *se laissent trop emporter par leur zèle.* J'admets très bien que l'*officier d'infanterie* fasse tout au monde pour se montrer impartial envers les Allemands, mais il ne faut tout de même pas pour cela qu'il se laisse entraîner à dire des choses qui sont en contradiction flagrante avec la vérité.

Je suis très loin de nier les qualités et les talents du sous-officier allemand comme instructeur, mais je le trouve très brutal vis-à-vis de ses hommes et souvent même d'une cruauté bestiale.

Que dites-vous de l'histoire qui s'est passée, il y a quelques mois, en Bavière? Un sous-officier, trouvant qu'un jeune soldat de sa compagnie n'exécutait pas convenablement le *Stech-Schritt*, recourut au moyen suivant pour *dégourdir* les genoux de ce pauvre diable. Il le fit venir dans sa chambre et là il le fit asseoir sur une chaise, les deux jambes étendues sur un autre siège. Pour assurer l'immobilité du patient, il fit asseoir deux soldats sur les jambes et deux autres sur les cuisses de ce malheureux. Ces préparatifs terminés, le sous-officier sauta sur les genoux de sa victime et y resta pendant un quart d'heure en exerçant des pressions dans tous les sens, *pour les dégourdir*. L'opération a si bien réussi que le soldat est, depuis ce jour, paralysé des deux jambes. LE SOUS-OFFICIER N'A PAS ÉTÉ PUNI. Les personnes qui n'ajouteront pas foi à cette histoire n'auront qu'à se reporter aux débats de la Chambre bavaroise d'il y a deux mois environ [1].

Je ne cite que ce fait-là, il suffira pour écœurer les lecteurs français; je tiens une collection l'autres histoires du même genre à la dispossi-

1. Interpellation adressée au ministre de la guerre à ce sujet.

tion de l'*officier français*. Peut-être cela contribuera-t-il à modifier son opinion sur les sous-officiers virtuoses ?

CONCLUSION

CONCLUSION

Maintenant que je suis arrivé au bout de mon travail, je crois pouvoir conclure en disant que : la France ne provoque personne, mais qu'elle ne veut plus se laisser marcher sur les pieds par qui que ce soit.

L'Allemagne fait des armements énormes, nous l'emboîtons pour ne pas être surpris désagréablement à un moment donné. Le jour où elle avancera d'un pas nous en ferons autant, résolus, dans ce cas-là, non seulement à défendre l'intégrité de notre territoire, mais encore à reprendre les provinces qui nous ont été prises malgré nous et malgré leurs habitants.

Das walte Gott [1].

1. Comme dit le général Bronsart von Schellendorff.

FIN

TABLE DES MATIÈRES

FIN DE LA TABLE DES MATIÈRES

ASNIÈRES. — IMPRIMERIE LOUIS BOYER ET Cie

A LA MÊME LIBRAIRIE

ÉTUDE MILITAIRE ET SOCIALE

L'OFFICIER ALLEMAND

SON RÔLE DANS LA NATION

PAR

UN OFFICIER D'INFANTERIE

1 vol. in-18. Prix. . . . . 3 fr. 50

COMTE LÉON TOLSTOÏ

PHYSIOLOGIE DE LA GUERRE

NAPOLÉON

ET LA

CAMPAGNE DE RUSSIE

Traduit du Russe par Michel Delines

QUATRIÈME ÉDITION

Un volume in-18 avec un croquis dans le texte. Prix . . . . 3 fr. 50

W. RUSTOW

LA QUESTION D'ORIENT

Histoire de la Péninsule des Balkans.

Traduction française par G. Reynaud

Un vol. in-18. 3e édition. Prix. . . . . 3 fr. 50

SONGE D'UNE NUIT D'ÉTÉ

RACONTÉ PAR UN VIEUX FANTASSIN

Traduit de l'allemand

Un vol. in-18. Prix. . . . . 2 fr. 50

SERONS-NOUS VAINQUEURS ? Trad. de l'allemand, 1 vol. in-8. . 1 »

FORTIFICATION ET DÉFENSE DE LA FRONTIÈRE FRANCO-ALLEMANDE, 1 vol. in-18. Trad. de l'allemand. . . . . 1 »

FORTIFICATION ET DÉFENSE DE LA FRONTIÈRE RUSSO-ALLEMANDE, 1 vol. in-8. Trad. de l'allemand. . . . . 1 »

ASNIÈRES. — IMPRIMERIE LOUIS BOYER ET

www.ingramcontent.com/pod-product-compliance
Ingram Content Group UK Ltd.
Pitfield, Milton Keynes, MK11 3LW, UK
UKHW022055260726
13993UKWH00001B/134